Das große Werkbuch

Shabby Chic

Das große Werkbuch

Shabby Chic

alle Techniken • Stilkunde • Inspirationen

Inhalt

Im Laufe meines Lebens habe ich schon einige Floh- und Trödelmärkte auf der Suche nach kleinen Schätzen und Kostbarkeiten für unsere Wohnung durchstöbert. Für mich strahlen unvollkommene, alte Stücke einen besonderen Charme aus. Jedes Stück abgeplatzte Farbe, jeder Kratzer, jede Schramme erzählt eine eigene Geschichte und zeigt die Lebendigkeit, die in diesen alten Schönheiten noch steckt. Beim Shabby Chic spielen abgeblätterte Farbe, Wurmlöcher, Rost oder etwas Patina und Schrammen keine Rolle. Im Gegenteil: Erst sie machen den Charakter eines Möbelstückes aus.

Ich möchte Ihnen in diesem Buch zeigen, wie Sie den Charme alter Möbelstücke wieder aufleben lassen und aus neuen Möbeln charmante Einzelstücke zaubern können. Erfahren Sie, wie Sie Textilien und Papieren den Charme alter Zeiten geben können, wie Sie Metall auf wundersame Weise rosten lassen und wie Sie Gegenstände mit Blattmetallen veredeln.

Ich möchte Sie inspirieren, sich auf Floh- und Trödelmärkten auf die Suche nach alten Kostbarkeiten zu begeben und in neue Dinge ein Stück Vergangenheit hineinzuinterpretieren und herauszuarbeiten. Halten Sie die Augen stets offen für die Unvollkommenheit der Dinge und Sie werden wahre Schätze finden.

Ich hoffe, dass Sie durch mein Buch viele Ideen und Inspirationen zum Nacharbeiten finden und wünsche Ihnen ganz viel Freude und stets gutes Gelingen.

Ihre

Patricia Morgenthaler

Einführung Shabby Chic

Die Geschichte des Shabby Chics

Shabby Chic bedeutet wörtlich übersetzt „heruntergekommen schick". Dieser Begriff steht allerdings keineswegs für einen schäbigen Wohnstil. Vielmehr ist hier das gekonnte Einrichten mit alten Möbelstücken gemeint, die einen nostalgischen Charme und ursprünglichen Charakter mit ihrer ganz eigenen Geschichte verbreiten. Die Zeit ist an diesen guten alten Stücken nicht spurlos vorübergegangen. Kratzer, abgeplatzte Farbe, etwas Rost und die eine oder andere Schramme sind gewollt und geben dem Möbelstück seinen ganz persönlichen Stil und erfüllen unser Heim mit warmer Behaglichkeit und romantischer Atmosphäre.

Ursprünglich kommt der Shabby Chic-Trend aus England. In den 1980er Jahren wollten verarmte Künstler, Musiker und Schriftsteller – sogenannte Bohemians – die Einrichtung alter Landhäuser nachempfinden. Mit einer Vorliebe für ausgeblichene Chintz-Sofas, alten abgewetzten Holzmöbeln und Keramik-Geschirr waren Ihre Wohnungen eingerichtet. Zu uns ist der Trend allerdings erst über Skandinavien gekommen, wo er eine Verbindung mit dem Landhausstil eingegangen ist. Einen Namen erhielt der ganz eigene Stilmix aus alten Möbeln und Accessoires allerdings erst durch die Amerikanerin Rachel Ashwell, die 1989 in Santa Monica, Kalifornien ihren Laden „Shabby Chic" eröffnete. Hier verkauft sie bis heute Möbel und Accessoires mit Geschichte. Seitdem erfreut sich dieser Trend einer immer größer werdenden Fangemeinde auch hier in Deutschland.

Das Besondere an Shabby Chic ist die Zufälligkeit, mit der alte und neue Möbel kombiniert werden. Erlaubt ist, was gefällt! Liebgewonnene Familienerbstücke, exklusive Antiquitäten und wahre Flohmarktschätze machen aus jedem Raum eine einzigartige Wohnlandschaft, die nicht nur den Charme vergangener Zeiten wiederaufleben lässt, sondern die auch die ganz individuelle Geschichte des Bewohners erzählt.

Stilkunde: Farben, Muster, Materialien

Der Shabby Chic besticht mit hellen und zarten Farben. Vor allem Pastelltöne, wie z. B. Rosé, Hellblau, Türkis, zartes Grün und Hellgrau in Kombination mit Weiß und Cremefarben. Auch im Bereich der Möbel reicht die Farbgebung von Weiß und Cremefarben über Grün- und Blautöne (wie etwa Türkis, Mintgrün, Hellblau und Flieder) bis hin zu sanftem Rosa. Die Farbtafel rechts gibt Ihnen einen kleinen Überblick über häufig verwendete Farben und hilft Ihnen beim Kombinieren.

Wie Sie sehen, harmonieren die hellen Farbtöne wunderbar mit dem dunklen Braunton unten rechts. Dieser wird im Shabby Chic allerdings nur sehr sparsam verwendet. Dennoch lässt sich z. B. ein weißer Tisch mit brauner Holzplatte in eine sonst hauptsächlich in Weiß oder Creme gehaltene Möblierung wunderbar integrieren.

Aber auch Accessoires in dunkleren Brauntönen, wie z. B. Weidenkörbe oder alte Holzkisten, finden im Shabby Chic ihren Platz und setzen Akzente. Generell sollten Sie jedoch darauf achten, dass Sie bei den Möbeln und Einrichtungsgegenständen kein zu buntes Sammelsurium zusammenstellen. Creme und Weiß sind die Basis und sollten die anderen Farben und Töne deutlich dominieren. Bei den Accessoires und Dekorationen darf es hingegen gerne etwas bunter zugehen.

Neben den Farben spielen im Shabby Chic zarte Muster und romantische Motive eine wichtige Rolle. Ob diese als kleine Applikation oder aber großzügig in der Fläche verwendet werden, bleibt Ihrem Geschmack überlassen. Typische Muster sind Ornamente, Punkte, Karos, Streifen und Rosenmotive (siehe Bildleiste links). Vor allem Rosenmotive unterstreichen den romantischen Charakter des Shabby Chic. Sie finden sich häufig auf Baumwollstoffen wieder und sind ein absolutes Muss!

Kombinieren Sie die gemusterten Stoffe z. B. mit altem Leinen, feiner Häkelspitze, dekorativen Bändern oder verspielten Bordüren. Sehr hübsch und einfach anzufertigen sind z. B. Kissenhüllen, auf welchen eine Spitzenbordüre oder einfach ein kleines Spitzendeckchen aus Omas Beständen aufgenäht wird. Ansonsten sind Holz, Metall, Email und Keramik hervorragende Materialien für den Shabby Chic. Auch Naturmaterialien wie Weide, Rosen oder Hyazinthen (frisch oder getrocknet) lassen sich herrlich damit kombinieren.

Stilkunde: Möbel und Accessoires

Damit Shabby Chic wohnlich und gemütlich wirkt, sollten Sie bei der Auswahl Ihrer Möbelstücke darauf achten, dass Sie in erster Linie natürliche Materialien (bevorzugt älter oder gebraucht) verwenden. Ein in die Jahre gekommenes Ledersofa oder ein mit alten Leinentüchern abgedeckter Sessel kombiniert mit naturweiß bemalten Holzmöbeln strahlt Wärme und Gemütlichkeit aus. An den Wänden wird mit Papiertapeten mit romantischen Blumendekoren gearbeitet. Im Shabby Chic geht es um die Liebe zum Detail und die Schönheit des Unvollkommenen.

Der ideale Fundort ist der Flohmarkt, der Trödelhändler oder aber auch der Sperrmüll. Hier lassen sich zuweilen wahre Schätze finden. Ob alte Truhen, Tische, Kommoden, Stoffe oder kleinere Accessoires – hier wird der Shabby Chic-Liebhaber bestimmt schnell fündig. Und wenn Ihnen nicht das richtige Stück zwischen die Finger kommt, dann verwandeln Sie einfach neue Stücke in „alte" Raritäten. Mit den richtigen Techniken ist es ganz einfach neue Möbel aufzuarbeiten und dem Shabby Chic Look anzupassen.

Wenn Sie alte Möbel zusammentragen, die Sie nicht oder nur wenig aufarbeiten möchten, achten Sie unbedingt darauf, dass diese farblich zum Shabby Chic passen. Allen anderen Möbelstücken können Sie selbst einen geeigneten Anstrich geben. Grundsätzlich gilt: Erlaubt ist, was gefällt. Um jedoch einen harmonischen Eindruck in Ihrem Zuhause zu schaffen, sollten Sie darauf achten, dass die Möbel nicht nur farblich, sondern auch in Ihrer Form zueinanderpassen. Gerade wenn Sie neue Möbelstücke „umarbeiten" möchten, empfiehlt es sich Möbelstücke auszuwählen, die möglichst schlicht, einfach und geradlinig in ihrer Form sind. Verzierungen und Schnörkel sollten besser nur dezent vorhanden sein.

Die Einrichtungen und Dekorationen im Shabby Chic sollten immer zufällig und natürlich wirken. Allzu akkurate Arrangements passen nicht zu diesem Stil. Lässig und bequem ist hier die Devise. Daher werden Sessel und Sofas mit weißen, locker sitzenden Überwürfen verdeckt. Bilderrahmen oder Spiegel lehnen Sie einfach an die Wand, statt sie ordentlich aufzuhängen. Und als Ordnungshüter für Kleinkram und Zeitschriften verwenden Sie z. B. alte Blechdosen und Weinkisten. Auch bei der Suche nach interessanten Dekorationsgegenständen lohnt es sich auf dem Flohmarkt und in Antiquitätengeschäften die Augen offen zu halten. Zifferblätter von alten Taschenuhren, Puppenschühchen, blinde Handspiegel – liebevoll dekoriert können diese Gegenstände zum Blickfang in Ihrem Zuhause werden. Auch ein Besuch in einem Antiquariat kann interessant sein. Alte, in ledergebundene Bücher mit vergilbten Seiten landen im Shabby Chic nicht in der hintersten Ecke des Bücherregals, sondern prominent präsentiert auf dem Couchtisch.

Einen schönen Kontrast zu alten Dingen bilden Naturmaterialien. Arrangieren Sie bunte Wiesenblumen üppig in einer Vase oder sammeln Sie z. B. kleine Äste, Kastanien, Steine, Muscheln oder Tannenzapfen und legen Sie diese in eine Schale. Perfekte Accessoires sind außerdem alte Zinkgießkannen, Kronleuchter, Blechtafeln, nostalgische Familienfotos, Postkarten aus vergangenen Zeiten, Herzen in jeder erdenklichen Variante sowie Pappschachteln in allen Formen und Größen. Dazu passen Körbe, Blumenkübel und Kränze aus Weide. Ein weiteres Muss im Shabby Chic sind weiße oder cremefarbene Blockkerzen in verschiedenen Größen, Patchworkdecken mit romantischem Rosenmuster sowie Kissen, Kissen, Kissen.

Es gibt unendlich viele Möglichkeiten im Shabby Chic und Ihrer Fantasie sind kaum Grenzen gesetzt. Wenn Sie die wenigen Dos und Don'ts auf der nächsten Seite beachten, können Sie im Grunde keinen Fehler machen. Wichtig ist, dass Sie sich wohlfühlen. Denken Sie daran, dass Sie Ihr Zuhause einrichten, und kein Museum. Und Sie sollten darauf achten, dass Sie kein allzu wildes Sammelsurium zusammentragen. Es soll bei Ihnen ja nicht wie auf dem Flohmarkt oder beim Trödelhändler aussehen.

Stilkunde: Dos and Don'ts

Dos	Don'ts
Verwenden Sie bei Kissen, Decken und Überwürfen stets zarte Muster wie Rosen, Ranken und Ornamente. Diese lassen sich sehr hübsch mit Karo- und Streifenmustern kombinieren.	Drapieren Sie auf einem Sofa niemals nur ein kleines Kissen in die Ecke, sondern gruppieren Sie mehrere Kissen in unterschiedlichen Größen zu einem Arrangement. Hier wirken besonders florale Muster sehr dekorativ und passen ausgezeichnet zum Shabby Chic.
Bleiben Sie bei Möbeln und Accessoires in den Farbwelten Weiß, Zartrosa, Zartblau, helles Mint und Grün, Elfenbein und Grau. Diese Farben können Sie mit ein paar wenigen Brauntönen kombinieren.	Die Wandfarbe sollte nicht zu kräftig sein. Auch hier sind zarte, dezente Farben im Shabby Chic ein Muss, wie z.B. Weiß oder Cremefarben. Am allerschönsten sind natürlich Natursteinwände, nur leider selten zu finden in deutschen Wohnungen und Häusern.
Decken Sie Sofa und Sessel mit weißen Überwürfen und Bezügen ab. Diese sollten lässig und gemütlich drapiert werden, somit passen Sie optimal zum Shabby Chic.	Vermeiden Sie schrille Muster und Farben. Kräftigere Farben sollten nur verwendet werden, wenn sich die Wohnung und Möblierung durchgängig in einem weißen Konzept präsentiert. Dann können dezent verwendete farbliche Eyecatcher harmonisch eingegliedert werden.
Romantisches Licht ist sehr wichtig im Shabby Chic und sorgt für eine behagliche und gemütliche Atmosphäre. Besorgen Sie sich dicke weiße oder cremefarbene Blockkerzen in verschiedenen Größen und arrangieren Sie diese z.B. auf einem alten Teller oder Tablett gruppenweise an. Hübsch sehen auch Laternen aus Holz oder Metall im Antiklook aus. Auch hier darauf achten, dass diese in zarten Tönen wie Weiß oder Cremefarben gestrichen sind, oder in etwas dunkleren Holztönen.	Beim Shabby Chic sollten Sie konsequent bei der Auswahl und Zusammenstellung der Möbel sein. Versuchen Sie bitte nicht einen modernen Glastisch mit chromblitzendem Unterbau in den Shabby Chic zu integrieren. Wenn Sie moderne Möbel mit Shabby Chic kombinieren wollen, sollten diese möglichst aus Holz sein, um die warme, behagliche Atmosphäre im Shabby Chic zu unterstützen.
Besorgen Sie sich Pappschachteln in verschiedenen Größen und Formen, die Sie mit Stoffen oder Papieren bekleben und mit hübschen Bändern und Bordüren verzieren. Auch alte Holzkisten gehören zum Shabby Chic dazu und geben einen dekorativen Stauraum.	Verwenden Sie in fensterlosen Fluren oder Dielen keine dunklen Farben, sondern achten Sie besonders hier auf eine helle Gestaltung. Auch das Aufhängen von hübsch verzierten weißen oder goldfarbenen Spiegeln lässt Räume heller und vor allen Dingen größer wirken.
Verwandeln Sie Ihr Schlafzimmer in eine romantische Oase, indem Sie Papiertapeten mit schönen Blumendekoren verwenden.	In einer Shabby Chic Küche sollten Sie auf ein Edelstahlspülbecken verzichten und lieber auf ein Keramik-Becken zurückgreifen, um ein harmonisches Gesamtbild zu erzeugen.
Dekorieren Sie Ihre Wohnung mit unterschiedlichen Naturmaterialien. Ein Weidenkorb mit frischem Obst, ein frisch gepflückter Wildblumenstrauß oder im Herbst gesammelte Kastanien und Tannenzapfen bringen zusätzliche Gemütlichkeit in Ihre Räume.	Vermeiden Sie zu grelles Licht. Bevorzugen Sie sanfte Lichtquellen in Form von Kerzen, Lüstern, Kronleuchtern und Stehlampen mit schönen Stofflampenschirmen.
Sorgen Sie mit Lieblingsstücken wie z. B. einem alten Teddy aus Kindertagen oder alten Familienfotos von den Urgroßeltern für eine persönliche Note.	Wuchtige Elektrogeräte wie Fernseher oder Stereoanlagen sollten nicht zu präsent wirken. Fernseher und Co. lassen sich dekorativ in alten Dielen- oder Bauernschränken verstauen. Auch gibt es inzwischen schöne TV-Möbel zu kaufen, die bereits dem Stil angepasst sind.

Materialkunde

und Techniken

Werkzeuge und Hilfsmittel

Mit dem **Heißluftföhn** können dicke Lackschichten abgelöst und mithilfe eines Malerspachtels abgetragen werden. Zum Auffangen der entfernten, heißen Lackschichten halten Sie am besten eine Metallschüssel bereit.

Abbeizer sind chemische Mittel zum Entfernen alter Farbaufträge. Sie werden als Pulver, Paste oder in flüssiger Form angeboten. Lösungsmittelhaltige Abbeizer sind für alle normalen Dispersionsfarben, Speziallacke, Alkydharzlacke und Acryllacke geeignet. Alkalische Abbeizer oder Laugen wirken nur auf Öllacke und Alkydharzlacken – Acryllacke auf Wasserbasis und Dispersionsfarben können nicht behandelt werden.

Einen **Malerspachtel** benötigen Sie zum Abschaben von Farbresten beim Arbeiten mit dem Heißluftföhn oder dem Abbeizer und zum Entfernen von Kerzenwachs bei der Wachstechnik (siehe Seite 69).

Ein **Cutter** ist das optimale Hilfsmittel, um Kerben und Macken in die Oberflächen zu schneiden. Besonders gut funktioniert dieser Effekt an Ecken und Kanten.

Mit einer **Drahtbürste** lassen sich einerseits abblätternde Farbe und Farbreste in Verzierungen entfernen, andererseits lassen sich damit künstlich abgenutzte Stellen auf Flächen und Kanten erzeugen.

Eine **Bohrmaschine oder ein Drehmel®** mit Stahlbürstenaufsatz hilft beim Entfernen von Farbresten in Verzierungen, Vertiefungen oder Kanten.

Schwing- oder Eckschleifer sind nützliche Helfer, wenn Sie größere Flächen abschleifen oder bearbeiten wollen.

Schleifpapiere gibt es in verschiedenen Stärken: Je größer die Zahl, die auf der Rückseite angegeben ist, desto feiner die Körnung. Schleifpapier mit einer Körnung von 80 wird für den groben Vorschliff von Holz verwendet und zum Abschleifen alter Lackschichten. Papiere mit einer Körnung von 120 und 180 werden zum Feinschliff von Holz und Furnieren verwendet.

Lacke und Farben

Möbelwachs schützt Holzoberflächen und erhält dabei ihre Ursprünglichkeit und Atmungsfähigkeit. Es gibt feste Pasten und zähflüssige Balsame. Sie setzen sich aus Bienen- und Pflanzenwachsen zusammen, zum Teil auch mit pflanzlichen Ölen und Harzen kombiniert. Nach dem Wachsen erhält die Holzoberfläche ein seidenglänzendes Erscheinungsbild. Holzöle auf pflanzlicher Basis haben den gleichen Effekt. Sie eignen sich als Vorbehandlung vor einem Wachsanstrich oder als Endbehandlungsmittel.

Krakelierlack, auch Reißlack genannt, erzielt beim Trocknen des darüber liegenden Farbauftrags künstliche Risse, sodass die darunterliegende Grundierung wieder sichtbar wird.

Klarlack ist ein transparenter, lösungsmittelhaltiger Lack und in verschiedenen Glanzgraden erhältlich: hochglänzend, seidenglänzend und matt. Sie können ihn z. B. verwenden, um Acrylfarbe wetterbeständig zu machen.

Lasuren sind Farben, die den Holzuntergrund nicht abdecken, sondern die Maserung des Holzes noch durchscheinen lassen. Sie können Lasuren auf Wasserbasis oder lösungsmittelhaltige Lacklasuren verwenden.

Patina-Medium erzeugt eine künstliche Alterung. Patina-Medium auf Acrylbasis erinnert von der Konsistenz an Acrylfarbe. Es kann bei Bedarf mit Wasser verdünnt werden. Patina-Medium auf Ölbasis gibt es bereits fertig gemischt oder als Set aus Öl und Acrylfarbe, die miteinander vermischt werden müssen. Außerdem gibt es Patina in flüssiger Form, die sich wie eine Lasur verarbeiten lässt.

Rost-Finish besteht aus zwei Komponenten: Eisengrund und Oxidationsmittel. Die beiden Komponenten sind im Fachhandel oft schon im Set erhältlich. Die Grundierung ist meist dunkelbraun bis schwarz und erinnert an Acrylfarbe. Das Oxidationsmittel ist meist eine grünliche Flüssigkeit und bringt die Grundierung zum Rosten.

Hinweise

Wenn Sie ein Streifenmuster erzielen möchten, kleben Sie die Oberfläche vor dem Anstreichen einfach in gleichmäßigen Abständen mit dem Malerkreppband ab.

Wenn Sie mit lösungsmittelhaltigen Lacken arbeiten, waschen Sie die Pinsel am besten mit Terpentin oder mit einem Pinselreiniger aus.

Nehmen Sie tiefe Papp- oder Plastikteller, um Farben anzurühren oder mit dem Pinsel aufzunehmen. So lässt sich die Farbe besser dosieren.

Streifen Sie die Pinsel nicht am Rand der Lackdosen ab, da sich sonst die Deckel oft nicht mehr richtig schließen lassen. Kleben Sie einfach einen Malerkreppstreifen quer über die Öffnung der Dose und streifen Sie daran die überschüssige Farbe ab. So halten Sie den Rand sauber!

Acrylfarben erzielen unverdünnt einen deckenden Farbauftrag. Wenn Sie die Farbe mit Wasser verdünnen, ergibt sich hingegen ein lasierender Farbauftrag. Sie eignet sich hervorragend zum Grundieren, für die verschiedenen Schleiftechniken (siehe Seite 36/37) sowie zum Stempeln, Schablonieren und Aufmalen von Details.

Buntlacke erzielen einen deckenden Farbauftrag und schützen zugleich das Holz. Mit der Sprühdose lässt sich der Lack auch auf unebene Flächen, wie z. B. bei Korbwaren, aufbringen. Die Lacke werden in zwei Kategorien unterschieden: Acryllacke und Kunstharzlacke. Acryllacke sind wasserverdünnbar und geruchsarm. Kunstharzlacke (Alkydlacke) basieren auf Leinöl und sind als Lacke für den Innen- und für den Außenbereich, für Holz und Metall erhältlich. Es gibt sie in hochglänzend, seidenglänzend und matt.

Weiche Flachpinsel in verschiedenen Größen sind ideal geeignet, um Farben, Lacke und Lasuren aufzutragen: breite Pinsel für große Flächen, schmale für kleine Flächen und Kanten. Mit dem Malerkreppband lassen sich Stellen abkleben, die nicht mit Farbe bedeckt werden sollen – zum Beispiel Kanten.

Dekore und Verzierungen

Hinweis

Wenn Sie Zierleisten im rechten Winkel aneinander-setzten möchten, benötigen Sie eine Gehrungsschneid-lade zum schrägen Ansägen der Leisten. So lassen sie sich passgenau aneinander-fügen.

Klebstoffe wie wiederab-lösbarer Sprühkleber und Holzleim sind nützliche Helfer. Mit dem Sprühkle-ber können Schablonen auf den Werkstücken fi-xiert werden, mit Holzleim können Zierleisten oder kleine MDF-Teile aufge-klebt werden.

Große Stempel aus feinporigem Schaumstoff eig-nen sich vor allem für Verzierungen von größeren Flächen, wie Wänden, Holzmöbeln und Stoffen. Für den Shabby Chic-Look sollten Sie den ersten Druck auf einem Küchentuch durchführen, so er-halten Sie beim zweiten Druck auf die Oberfläche ein ungleichmäßiges Druckergebnis.

Vogelsand bekommen Sie in jedem Fachgeschäft für Tierbedarf. Der feine Sand eignet sich her-vorragend zum Veredeln von Stein- und Tonober-flächen, die mit dem Sand ein ursprüngliches Aussehen erhalten.

Schablonen und Schwammstupf-pinsel benötigen Sie für Verzierungen und dekorative Elemente in der Schabloniertechnik. Im Fachhandel gibt es eine Vielzahl an Schablonen aus strapazierfähigem Polyester mit verschiedensten Motiven und Mustern, mit denen Sie konturenscharfe Ergebnisse erzielen können. Manche Schablonen sind sogar selbstklebend.

Mit Blattmetall Effekt Spray in Gold und Silber können Sie fast jedem Gegenstand ein edles Aussehen verleihen. Ein besonders gutes Ergebnis erhalten Sie, wenn Sie den Gegenstand vor dem Besprühen mit Acryl-Mattfarbe in Weiß grundieren.

Hinweis
Wenn Sie nur einen Teilbereich einer Schablone auf das Werkstück übertragen möchten, kleben Sie am besten die angrenzenden Motive mit Malerkreppband ab.

Mit Zierleisten aus Holz lassen sich schlichte Werkstücke veredeln (siehe Spiegel auf Seite 54). Aber auch MDF-Teile wirken sehr schön und machen aus einfachen Accessoires etwas Besonderes (siehe Kleiderbügel auf Seite 60). MDF-Teile oder Zierleisten aus Holz sind in verschiedenen Größen und Mustern im Fachhandel oder Baumarkt erhältlich.

Mit Blattmetall, Blattmetall-Flocken und Anlegemilch lassen sich unscheinbare Objekte in raffinierte Einzelstücke verwandeln. Gold, Silber und Kupfer verleihen Gegenständen ein antikes Aussehen. Tragen Sie die Anlegemilch auf das Objekt auf und lassen Sie sie trocken. Dann legen Sie das Blattmetall auf die Anlegemilch und drücken es mit einem trockenen Pinsel oder einem flusenfreien Poliertuch an.

Papiere und Karton

Motivstanzer können Sie vor allem für Karten und Brief-papier im Shabby Chic-Look verwenden. Herzen, Rosen, Blätter und Ornamente sind geeignete Motive. Den Rändern der ausgestanzten Fläche können Sie anschließend mit Stempelfarbe ein antikes Aussehen geben.

Hinweis

Verwenden Sie feine Rund-pinsel mit spitz zulaufenden Borsten, wenn Sie von Hand kleine Verzierungen auf Papier aufmalen möchten.

Mit **Stempeln** in verschiedenen Ausfüh-rungen (Schaumstoff, Gummi oder Acryl) lassen sich kleine und größere Motive aufbringen. Typisch sind z. B. Ornamente, Rosen oder andere Motive aus der Natur. Gummi- und Acrylstem-pel eignen sich für Papier und Holz.

Ein **Stempelkissen** in Braun dient nicht nur dazu Stempelfarbe auf Stempel zu bekommen. Die Farbe können Sie auch dazu nutzen, Papieren einen antiken Touch zu geben. Dazu tupfen Sie die Far-be mit einen Stupfen- oder Schwammpin-sel einfach an den Rändern auf.

Découpagekleber und **Découpagelack** benötigen Sie zum Aufbringen und Versiegeln feiner Papiermotive. Mit einem speziellen Lack für die Serviettentechnik können Sie Ihre Möbel und Accessoires auch mit hübschen Details aus Servietten verzieren.

Mit **Kaffeesatz** können Sie neues Papier einfach und kostengünstig altern lassen. Das Papier nimmt den Kaffee auf und verfärbt sich gelblich. Anstatt Kaffee können Sie auch schwarzen Tee verwenden.

Hinweis

Gestalten Sie sich Ihren eigenen Stempel: Einfach das gewünschte Motiv aus Moosgummi ausschneiden, auf ein Stück Holz aufkleben und fertig ist Ihr Unikat.

Posiebildchen können mit Klebstoff auf die verschiedensten Untergründe aufgebracht werden. Die nostalgischen Motive, wie Rosen und Schwalben, werten nicht nur Papier auf, sondern können auch auf Holz angebracht werden.

Découpagepapier mit schönen floralen oder ornamentalen Motiven ist wunderbar geeignet, um damit Ihre Möbel und Accessoires flächig zu verzieren – oder Sie verwenden nur einzelne Motive. Auch Serviettenmotive eignen sich hervorragend zum Veredeln und Setzen von Akzenten durch einzelne Motive.

Textiles

Um einen Stoff zu färben, kann man entweder auf Kaffee oder schwarzen Tee zurückgreifen oder man färbt den Stoff mit **Färbemittel** in der Waschmaschine ein. Der Grundstoff muss dabei immer heller als die gewünschte neue Farbe sein. Beachten Sie unbedingt die Hinweise des Herstellers.

Hinweis

Färben und Verzieren können Sie natürlich auch Kleidungsstücke. Ein langer Rock kann z. B. mit der richtigen Farbe und einer Spitzenborte zum wahren modischen Highlight im Shabby Chic-Stil werden.

Textilfarbe gibt es in allen möglichen Tönen. Sie können Sie verwenden, um Stempel einzufärben oder Motive mit Hilfe einer Schablone auf den Stoff zu malen.

Stempel eignen sich auch für die Verzierung von Textilien ausgesprochen gut. Bevor Sie jedoch auf den Stoff drucken, sollten Sie einen Probeandruck machen, damit Sie sehen, wie viel Farbe der Stoff schluckt.

Mit **Schablonen** können Sie auch auf Stoff Motive und Schriftzüge mit einem Schwamm- oder Stupfenpinsel einfach aufbringen. Bei filigranen Motiven sollten Sie sehr sorgfältig arbeiten, da sonst Farbe schnell unter die Schablone geraten kann.

Hinweis
Auch alte Spitze findet man auf Flohmärkten. Oft zahlt man hier zwar mehr als für die Meterware aus dem Fachgeschäft, doch den nostalgischen Touch bringen diese Bänder und Spitzen bereits mit.

Spitze, Bordüren und dekorative Bänder sind immer ein Eyecatcher und eigenen sich besonders für Accessoires und Verzierungen.

Stoffe aus Baumwolle in zarten Farben und mit floralen Motiven schaffen eine wohnliche und behagliche Atmosphäre. Kissen, Tischdecken, Accessoires und vieles mehr lassen sich aus diesen Textilien herstellen. Bei der Stoffauswahl hilft Ihnen die Farbtabelle auf Seite 13.

Möbelstücke aufbereiten

Oberflächen vorbereiten

Bevor Sie mit dem Gestalten Ihrer Objekte beginnen, müssen Sie zunächst den Untergrund vorbereiten. Entfernen Sie dazu bei neuen oder unbehandelten Stücken mit Schleifpapier abstehende Holzfasern. Glatte Oberflächen rauen Sie dagegen etwas mit Schleifpapier an, damit Sie die Farbe gut aufnehmen können. Wickeln Sie das Schleifpapier dazu um den Schleifblock und arbeiten Sie immer in Richtung der Holzmaserung. Anschließend den Schleifstaub gut entfernen.

Hinweise

Fixieren Sie das Schleifpapier mit einer Schraube seitlich am Schleifblock, dann kann es Ihnen auch bei längerem Arbeiten nicht verrutschen.

Für Verzierungen (wie etwa Schnitzereien oder Zierleisten) eignet sich eine Stahlbürste. Wenn die Verzierungen sehr filigran oder fein sind, ist eine Bohrmaschine oder ein Dremel® mit Stahlbürstenaufsatz hilfreich.

Der Dreieckschleifer ist von Vorteil, wenn es um kleine Flächen oder schwer zugängliche Stellen geht. Bei größeren Flächen ist man mit einem Schwingschleifer gut beraten.

Falls Sie kein elektrisches Schleifgerät besitzen, empfehle ich Ihnen, in einem Baumarkt nach Leihgeräten zu fragen.

Bei alten Möbelstücken prüfen Sie die vorhandene Lackschicht. Wenn diese noch gut in Schuss ist, genügt es, wenn Sie sie etwas mit Schleifpapier aufrauen (Körnung 80 und 120). Wenn nicht, dann müssen Sie den alten Lack entfernen. Dazu nehmen Sie bei großen Flächen am besten eine Schleifmaschine. Bei kleinen Flächen sind Schleifpapier und Schleifklotz ausreichend.

Arbeiten Sie auch hier immer in Richtung der Holzmaserung und nicht kreuz und quer, damit Sie keine unnötigen Kratzer und Beschädigungen im Holz verursachen. Üben Sie dabei einen gleichmäßigen, nicht zu starken Druck aus und entfernen Sie nach dem Schleifen den Schleifstaub gründlich mit einem Handbesen oder Flachpinsel aus allen Poren.

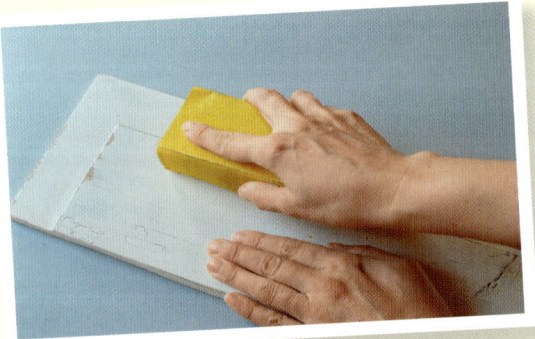

Lacke entfernen mit dem Heißluftfön

Eine Alternative zur Schleifmaschine ist der Heißluftfön. Hierzu müssen Sie die Düse des Föhns ca. 5–10 cm von der Oberfläche entfernt halten, bis der Lack Blasen wirft. Dann können Sie den angelösten Lack mit einem Spachtel Schritt für Schritt entfernen. Gehen Sie dabei vorsichtig vor: Der Lack ist sehr heiß! Sie sollten die abgeschabten Stücke daher in einer feuerfesten Metallschale auffangen und keine leicht entflammbaren Gegenstände in der Nähe haben. Eventuelle Farbreste sollten vor der weiteren Behandlung der Oberfläche abgeschliffen werden.

Material
- Heißluftföhn
- Spachtel
- Metallschüssel

Hinweis

Sie müssen sich nicht zwangsläufig einen Heißluftföhn kaufen. Sie können diesen auch kostengünstig im Baumarkt ausleihen.

Hinweise

Tragen Sie beim Arbeiten mit Abbeizern zur eigenen Sicherheit einen Mundschutz, eine Schutzbrille und Arbeitshandschuhe. Und sorgen Sie für ausreichende Frischluftzufuhr!

Reste des Abbeizmittels und die abgelösten Farben und Lacke gehören in den Sonderabfall.

Falls Sie größere Möbelstücke behandeln wollen, empfehle ich, diese von Fachfirmen in konzentrierten Laugebädern abbeizen zu lassen.

Abbeizen und Ablaugen

Beim Abbeizen oder Ablaugen werden alte Farb- oder Lackschichten durch chemische Mittel (Abbeizer) entfernt. Da diese Mittel zum Teil lösungsmittelhaltig und gesundheitsschädlich sind, empfehle ich Ihnen, diese Methode nur im „Notfall" anzuwenden, wenn keine andere Methode zur Farbentfernung wirksam war.

Tragen Sie den Abbeizer mit einem Flachpinsel auf der gesamten Oberfläche auf und lassen Sie ihn einwirken. Sobald der Lack oder die Farbe mit dem Abbeizer reagiert und sich löst, können Sie den Farbfilm mit einem Spachtel entfernen.

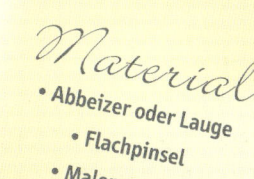

Material
- Abbeizer oder Lauge
- Flachpinsel
- Malerspachtel

Holzwurmmittel auftragen

Manchmal ist in alten Möbelstücken der Wurm drin. Hier hilft nur eine Behandlung mit Holzwurmtod. Vertreiben Sie den unliebsamen Bewohner, indem Sie das Möbelstück gründlich reinigen und dann zwei- bis dreimal mit einem Holzwurmmittel bestreichen (beachten Sie hierbei die Herstellerangabe).

Material
- Holzwurmtod
- Flachpinsel
- Allzweckreiniger
- Haushaltsschwamm

Mit Lacken und Farben gestalten

Lasieren

Bereiten Sie das Holz wie auf Seite 30 beschrieben vor und entfernen Sie eventuell vorhandene Leim- oder Lackreste, da diese beim Lasieren keine Farbe aufnehmen und deutlich sichtbar werden. Tragen Sie dann die Lasur dünn und gleichmäßig mit dem Flachpinsel auf. Arbeiten Sie dabei immer in Richtung der Maserung und nie quer zu ihr. Schon beim Auftragen der Lasur können Sie sehen, wie die Maserung durch die Farbe durchscheint. Auf den Bildern sehen Sie ein Beispiel für eine Lasur auf Wasserbasis (oben) und ein Beispiel für eine Lacklasur (unten).

Hinweis

Um bei stehenden Objekten eine gleichmäßige Farbfläche zu erhalten, wird die Lasur hier von unten nach oben aufgetragen.

Material
- Lasur in der gewünschten Farbe
- feiner Flachpinsel

Beizen

Eine Beize bringt keine Farbpigmente auf, sondern verändert die Farbe des Holzes selbst. Dabei tritt die Maserung meist sehr deutlich zum Vorschein, da die weichen und harten Bestandteile des Holzes die Beize unterschiedlich stark aufnehmen. Beize legt keinen schützenden Film auf die Oberfläche, sodass gebeizte Hölzer grundsätzlich mit einem schützenden Überzug versehen werden müssen (z. B. Klarlack, Öl oder Möbelwachs, siehe Seite 35).

Gehen Sie wie beim Lasieren beschrieben vor und bringen Sie die Beize mit dem Flachpinsel in Richtung der Maserung auf das vorbereitete und von Rückständen befreite Holz auf. Wenn Sie möchten, können Sie auch einen weichen Schwamm dazu verwenden.

Hinweis

Für den normalen Hausgebrauch sind wasserlösliche Beizen am besten geeignet, da diese durch Wasser aufgehellt oder mit anderen Beizen gemischt werden können.

Material
- Beize in der gewünschten Farbe
- feiner Flachpinsel
- eventuell weicher Schwamm

Lackieren oder mit Acrylfarbe bemalen

Lacke und Acrylfarbe sind die wohl am weitesten verbreiteten Hilfsmittel, um Möbelstücke farblich zu gestalten und mit einer schützenden Schicht zu überziehen. Damit der Lack bzw. die Acrylfarbe gut haftet, ist es besonders wichtig, dass Sie das Werkstück gründlich von Schmutz, Staub und Fett reinigen. Verwenden Sie hierzu etwa Seifenlauge oder Allzweck-reiniger und einen Schwamm. Anschlie-ßend rauen Sie die Oberfläche an und ent-fernen den Schleifstaub.

Wenn der Untergrund sauber und trocken ist, bringen Sie den Lack oder die Acryl-farbe mit dem Flachpinsel in Richtung der Holzmaserung auf. Bereiche oder Details, die nicht lackiert oder angestrichen werden sollen, können Sie z. B. mit Maler-kreppband abkleben. Für die abschlie-ßende Trockenzeit gilt besonders bei La-cken: lieber etwas zu lang als zu kurz!

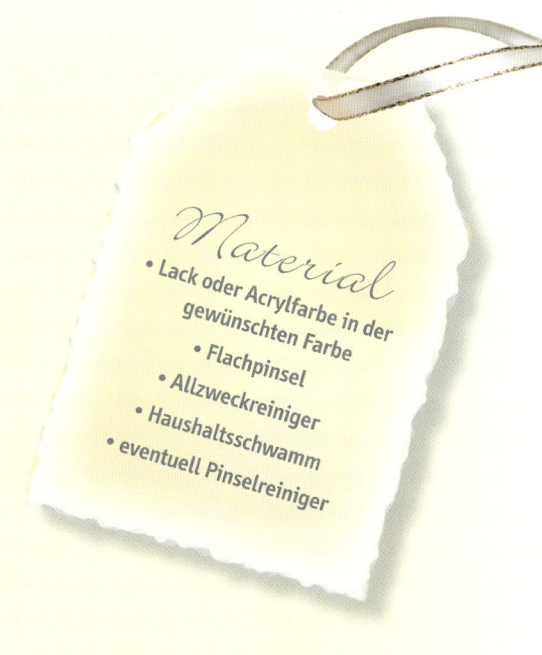

Material
- Lack oder Acrylfarbe in der gewünschten Farbe
- Flachpinsel
- Allzweckreiniger
- Haushaltsschwamm
- eventuell Pinselreiniger

Hinweise

Verwenden Sie zum Abkleben ausschließlich die gelblichen glatten Sorten und nicht die bräun-lichen gekreppten Bänder! Durch die Kreppung liegt das bräunliche Abdeckband nicht flächig auf dem Untergrund auf und somit kann Farbe unter das Band laufen.

Schützen Sie Ihre Pinsel in Arbeitspausen vor dem Eintrocknen, indem Sie sie in Alufolie ein-schlagen. Dabei sollte der Pinsel gut mit Farbe getränkt sein – dann müssen Sie den Pinsel nicht auswaschen und können am nächsten Tag einfach weiterarbeiten.

Krakelieren

Beginnen Sie mit dem Untergrund und grundieren Sie das Werkstück mit dunkler Acrylfarbe. Lassen Sie die Farbe gut trocknen.

Tragen Sie nun den Krakelierlack auf. Hierbei können Sie entweder flächig arbeiten oder den Lack nur an einigen wenigen Stellen aufbringen. Bei großen Flächen sollten Sie den Lack dünn und gleichmäßig auftragen. Bei kleineren Stellen können Sie ihn auch auftropfen und mit dem Finger etwas verwischen. Achten Sie in beiden Fällen darauf, dass Sie immer in eine Richtung arbeiten (z.B. in Richtung der Maserung).

Wenn der Krakelierlack gut durchgetrocknet ist, können Sie die helle Acrylfarbe gleichmäßig und in eine Richtung aufbringen. Die frisch gemalte Farbfläche reißt während des Trockenprozesses an den mit Krakelierlack behandelten Stellen auf, sodass die Grundierung sichtbar wird.

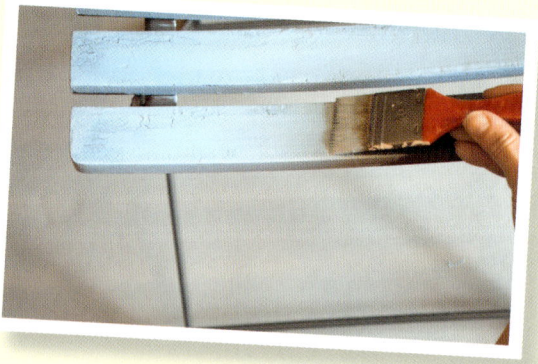

Hinweise

Streichen Sie nicht zweimal über eine bereits krakelierte Stelle, da sonst die Risse wieder zugemalt werden.

Die Stärke der Risse wird durch die Dicke des Lackauftrages bestimmt: Je dicker der Lack aufgetragen wird, desto größer die Risse, je dünner der Auftrag ist, desto kleiner die Risse.

Tragen Sie keine Metallic-Farbe auf den Krakelierlack auf, da diese nicht reißt. Metallic-Farben können Sie nur als Grundierung verwenden.

Patinieren

Patina-Medium lässt Gegenstände künstlich altern. Dabei können Sie sowohl flächig arbeiten als auch nur Details betonen. Wenn Sie ganze Flächen patinieren möchten, tragen Sie das Patina-Medium satt mit dem Flachpinsel auf die Oberfläche auf und wischen es anschließend sofort mit einem weichen Tuch wieder ab. Dadurch verbleibt ein Rest der Patina in den Vertiefungen und Hinterschneidungen. Bei größeren Objekten bietet es sich an, in Teilabschnitten zu arbeiten.

Wenn Sie nur Details wie z. B. Kanten eine Patina verleihen möchten, tragen Sie das Medium vorsichtig mit einem feinen Rundpinsel entlang der Kante auf. Arbeiten Sie dabei unregelmäßig, sodass eine natürlich wirkende Verfärbung entsteht, und wischen Sie überschüssiges Medium mit einem weichen Tuch wieder ab.

Oberflächen schützen

Unlackiertes oder unbehandeltes Holz, aber auch gebeizte Flächen müssen vor Umwelteinflüssen oder Schmutz geschützt werden. Hierzu stehen Ihnen spezielle Holzwachse, Öle und Klarlacke zur Verfügung.

Das Wachsen und Ölen von Holz ist relativ einfach und problemlos. Das Wachs oder das Öl wird mit einem weichen Tuch oder Pinsel in Richtung der Maserung dünn aufgetragen. Die Eigenfarbe des Holzes oder der gebeizten Flächen wird dabei oft intensiviert. Wenn Sie mit Öl arbeiten, sollten Sie das Öl, das nach ein paar Stunden nicht in das Holz eingezogen ist, mit einem Lappen abnehmen, da sonst klebrige oder speckige Oberflächen entstehen können. Wenn Sie mit Klarlack arbeiten, tragen Sie diesen wie auf Seite 33 beschrieben auf und lassen ihn gut durchtrocknen.

Hinweis

Bei Patina-Medien auf Öl-Basis müssen die Pinsel nach Verwendung mit Pinselreiniger gereinigt werden.

Abschleifen

Lasierte, lackierte oder wie auch immer bemalte Holzflächen können nach dem Trocknen mit Schleifpapier angeschliffen werden, sodass die Farbe an einzelnen Stellen wieder abgetragen wird und ein abgenutzter, abgewetzter Eindruck entsteht. Wickeln Sie dazu feines Schleifpapier um den Schleifblock und fahren Sie über die Fläche oder bearbeiten Sie die Kanten. Dabei sollten Sie immer in Richtung der Holzmaserung schleifen, damit keine unerwünschten oder unschönen Kratzer entstehen.

Hinweis

Sie können auch mehr als zwei verschiedene Farbschichten aufbringen und durch Anschleifen wieder freilegen. Wählen Sie hierfür wiederum eine dunkle Grundierung, tragen Sie dann z. B. Blau- oder Grüntöne auf und decken Sie zum Schluss alles mit einem weißen oder cremefarbenen Anstrich ab.

Eine besondere Variante dieser Technik ist das Arbeiten mit Farbschichten. Wie das Wort bereits verrät, wird hier das Werkstück zuvor mehrmals bemalt oder lackiert. Um den für den Shabby Chic typischen Effekt zu erzielen, bringen Sie zunächst eine dunkle Grundierung auf (z. B. Braun, Grau oder Schwarz). Nachdem die Grundierung gut durchgetrocknet ist (bitte hier auf die Herstellerangaben achten), wird eine helle Farbschicht darüber aufgetragen (z. B. Weiß). Schleifen Sie nach dem Trocknen die Ecken und Kanten vorsichtig mit feinem Schleifpapier an, bis die dunkle Grundierung wieder hervorkommt.

Stahlbürste und Cutter

Um einen natürlichen Shabby Chic-Look zu errei-
chen, ist die Stahlbürste ein wunderbarer Helfer.
Mit ihr können Sie feine Kratzer und Farbabriebe
erzeugen. Bürsten Sie dazu mit der Stahlbürste und
leichtem Druck über die mit Acrylfarbe gestrichene
Fläche, bis der gewünschte Effekt eintritt.

Um einen natürlichen Farbabrieb zu erzeugen, wird
die Bürste an einer Stelle aufgesetzt und zuerst
leicht vor und zurück, dann leicht hin und her ge-
rüttelt. Dadurch werden kleine Flächen der Farbe
abgetragen, wie sie sonst nur durch jahrelange Be-
anspruchung entstehen.

Schrammen und Kerben können Sie mit dem Cutter
auf Ihr Werkstück zaubern. Hierzu fahren Sie mit
dem Cutter über einige Stellen an den Kanten des Werkstückes und tragen somit die Farbe
bis zum Holz wieder ab. Oder schneiden Sie einfach kleine Kerben in die Kanten.

Material
- Stahlbürste
- Cutter

Hinweis

Achten Sie beim Arbeiten mit dem Cutter auf Ihre Finger und bringen Sie sie in Sicherheit,
damit Sie sich nicht schneiden, wenn Sie z. B. mit der Klinge vom Holz abrutschen. Der Umgang
mit dem Cutter bedarf etwas Übung.

Oberflächen veredeln

Material

- Rost-Finish Eisengrundierung
- Rost-Finish Oxidationsmittel
- Pinsel

Rost-Effekte aufbringen

Rost darf im Shabby Chic nicht fehlen. Doch es dauert sehr lange, bis sich die ersehnte Rostschicht von alleine bildet. Man kann den Effekt auch künstlich erzielen. Das hat natürlich auch den Vorteil, dass der Rost sich auch an genau den Stellen befindet, an den man ihn haben möchte.

Tragen Sie zunächst eine Schicht Eisengrundierung auf der gewünschten Stelle auf und lassen Sie diese gut trocknen. Dann bringen Sie eine weitere Schicht auf. Anschließend muss die Grundierung mindestens zwölf Stunden trocknen.

Nun können Sie das Oxidationsmittel mit dem Pinsel auftragen. Nach etwa zwei Stunden sind erste Roststellen erkennbar. Wiederholen Sie den Vorgang, bis das Ausmaß des Rost-Effekts Ihren Wünschen entspricht.

Patinieren von Keramik

Auch das Patinieren von Keramik- bzw. Ton-Gegenständen wie z. B. Blumentöpfen aus Ton ist ein toller Effekt im Shabby Chic.

Bemalen Sie zunächst den Gegenstand ungleichmäßig mit etwas verdünnter brauner Acrylfarbe. Für einen natürlichen Effekt sollten Sie auch die Innenseiten und den Boden bemalen. Lassen Sie die Farbe gut trocknen und schleifen Sie diese anschließend mit Schleifpapier wieder etwas ab.

Um Ihrer Keramik den perfekten antiken Look zu geben, tragen Sie etwas Leim unregelmäßig auf die Ränder auf und streuen Sie den Sand darauf. Lassen Sie alles gut durchtrocknen.

Mischen Sie nun weiße Acrylfarbe mit einem kleinen Kleks brauner Acrylfarbe und verdünnen Sie diese wieder mit etwas Wasser. Tragen Sie die Farbe vollständig auf Ihren Gegenstand auf (innen und außen). Nachdem dieser Farbauftrag getrocknet ist, tupfen Sie zunächst unregelmäßig etwas verdünnte braune Acrylfarbe auf den gesamten Topf. Anschließend tupfen Sie etwas verdünnte weiße Farbe, besonders am oberen Rand, auf.

Falls Sie lackierte Blumentöpfe mit dieser Technik behandeln möchten, sollten Sie statt mit einem Pinsel die Farbe ausschließlich mit einem Schwamm auftupfen. Besprühen Sie diesen eventuell anschließend zum Schutz mit mattem Klarlack.

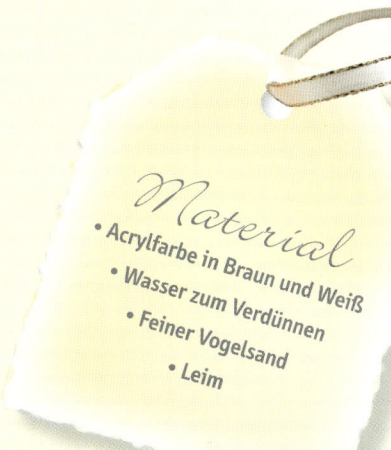

Material
- Acrylfarbe in Braun und Weiß
- Wasser zum Verdünnen
- Feiner Vogelsand
- Leim

Material

- Blattmetall Effekt Spray in Gold
- Anlegemilch
- Blattmetall Flocken in Silber
- Metallic-Patina
- Schwamm oder Stupfpinsel
- Borstenpinsel
- Nagelbürste
- Küchentuch

Patinieren von Glas

Windlichtgläser oder Glasvasen, die aussehen wie altes Bauernsilber dürfen im Shabby Chic nicht fehlen. Dafür sprühen Sie das Glasobjekt innen mit Blattmetall Effect Spray in Gold aus. Um Farbnasen zu vermeiden, sollten Sie in kurzen Abständen sprühen.

Sobald das Farbspray getrocknet ist, tupfen Sie mit einem Schwamm oder Stupfpinsel Anlegemilch dünn außen auf das Glas und lassen diese ca. 20 Minuten trocknen. Je ungleichmäßiger der Auftrag, umso realistischer wird das Ergebnis.

Um Glas zu patinieren arbeiten Sie am besten mit Blattmetall-Flocken. Diese legen Sie außen auf Ihr Glas und drücken sie mit einem Borstenpinsel fest. Bearbeiten Sie so die ganze Außenseite Ihres Glases. Anschließend rubbeln Sie mit einem Borstenpinsel oder einer Nagelbürste kräftig über das Glas, entfernen so die losen Blattmetalle und sorgen für einen matten Silbereffekt.

Um dem Ganzen einen perfekten Antik-Look zu geben, tupfen Sie etwas Metallic-Patina mit einem Küchentuch auf die Außenseite und entfernen überschüssige Patina anschließend durch Abreiben mit einem sauberen Tuch. Falls Sie größere Glasobjekte so bearbeiten möchten, sollten Sie in Teilabschnitten arbeiten. Anschließend gut trocknen lassen und fertig ist Ihr antikes Bauernsilber.

Patinieren von Papier

Eine sehr interessante und einfache Technik ist das Patinieren von Papier. Schütten Sie den kalten Kaffee oder Tee in die Auflaufform und legen anschließend das weiße Kopierpapier hinein. Bedecken Sie das Papier komplett mit der Flüssigkeit. Ziehen Sie Ihr Papier vorsichtig aus der Flüssigkeit und legen Sie es glatt auf ein Küchenpapier zum Trocknen. Um einen zusätzlichen fleckigen Charakter zu bekommen, können Sie das Papier noch im feuchten Zustand mit etwas Kaffeesatz vorsichtig einreiben.

Einen weiteren schönen Effekt können Sie erzielen, wenn Sie das feuchte Papier mit den Händen etwas verknüllen und so trocknen lassen. In den Falten bleibt nun etwas mehr Kaffee oder Tee zurück und färbt somit diese Stellen dunkler ein.

Auch das vorsichtige Abreißen der Kanten des feuchten Papiers lässt das Papier älter wirken. Nachdem das Papier getrocknet ist, sollten Sie es etwas aufbügeln.

Wenn Sie mit Tee Ihr Papier einfärben möchten, sollten Sie darauf achten, den Tee sehr stark aufzubrühen. Prinzipiell wird das Papier durch Kaffee dunkler eingefärbt als durch Tee. Dafür haben Sie bei Tee die Möglichkeit, verschiedene Farbeffekte zu erzielen. So entsteht durch Rotbuschtee eine rötliche Färbung, durch Grünen- oder Pfefferminztee erhält Ihr Papier einen grünlichen Schimmer.

Material
- Kopierpapier in Weiß
- kalter Kaffee oder Tee
- flache Auflaufform
- Küchenpapier
- Bügeleisen

Textilien bearbeiten

Patinieren von Textilien/Stoffen

Ähnlich wie Papier bekommt auch Stoff ein antikes Aussehen. Schütten Sie den kalten Teesud in eine flache Form und legen Sie anschließend den weißen Stoff hinein. Bedecken Sie den Stoff komplett mit der Flüssigkeit! Lassen Sie den Stoff ca. eine halbe Stunde in dem Sud ziehen. Nehmen Sie ihn anschließend aus der Flüssigkeit und legen Sie ihn zum Trocknen aus. Um einen zusätzlichen fleckigen Charakter zu bekommen, können Sie den Stoff noch im feuchten Zustand mit etwas Teesatz vorsichtig einreiben.

Material
- Baumwollstoff in Weiß
- kalter Teesud
- flache Schüssel
- Bügeleisen

Nachdem der Stoff getrocknet ist, können Sie Ihren Stoff glatt bügeln.

Wie bei dem Patinieren von Papier können Sie Ihren Stoff mit verschiedenen Teesorten einfärben. Brühen Sie hierfür eine starke Teemischung auf. Durch Rotbuschtee erzielen Sie eine rötliche Färbung, durch Grünen- oder Pfefferminztee erhält er einen grünlichen Schimmer, durch Schwarztee eine bräunliche Färbung.

Zusätzlich können Sie den Stoff im trockenen Zustand noch mit grobem Schleifpapier (40er–60er Körnung) an manchen Stellen etwas anschleifen. Somit erzielen Sie einen abgescheuerten Eindruck. Auch bedruckte Stellen können Sie so schneller altern lassen.

Stoffe bedrucken

Stoffe bekommen auch durch Aufdrucke einen Vintage-Look. Nicht immer ist es jedoch möglich, einen schönen bedruckten Stoff zu erhalten, bei dem das Druckbild bereits etwas verblasst und alt aussieht.

Um diesen Effekt zu erzielen, betupfen Sie den Stempel mit einem Schwamm oder bei größeren Stempeln walzen Sie die Textilfarbe mit einer Farbwalze auf Ihren Stempel auf. Anschließend drücken Sie den Stempel zunächst auf ein Küchentuch auf und anschließend auf die gewünschte Stelle auf Ihrem Stoff.

Gehen Sie weiter so vor, bis Sie Ihren ganzen Stoff bedruckt haben. Lassen Sie die Farbe gut trocknen und fixieren Sie diese anschließend laut Herstellerangabe mit einem Bügeleisen. Falls Sie Ihren Stoff zusätzlich altern lassen möchten, färben Sie ihn nach Fixierung der Textilfarbe mit Kaffee oder Tee ein.

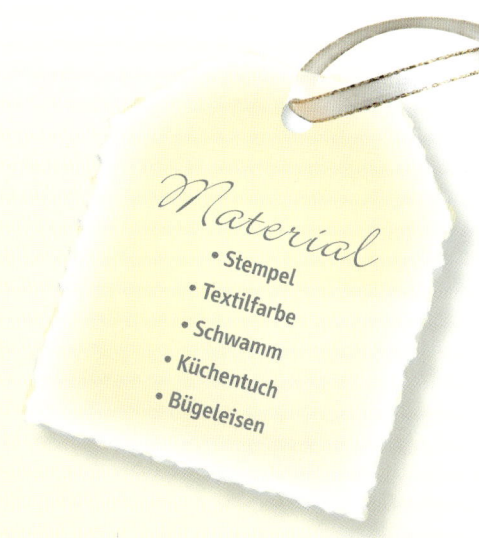

Arbeiten mit Textilfolie

Um alte Fotos, Schriften oder Motive auf Ihren Stoff zu übertragen, sind Textilfolien ein tolles Medium. Hierfür drucken Sie das gewünschte Bild mit Hilfe eines Tintenstrahldruckers auf die Textilfolie. Bei Schriften sollten Sie darauf achten, dass Sie die Schrift spiegelverkehrt aufdrucken.

Anschließend schneiden Sie Ihr Motiv mit einem dünnen Rand aus, legen es mit der bedruckten Seite nach unten auf die gewünschte Stelle auf Ihren Stoff und bügeln das Motiv ca. 20 Sekunden von oben nach unten und weitere 20 Sekunden von rechts nach links. Dafür legen Sie Ihren Stoff auf eine harte Unterlage (z. B. Holzbrett) und bügeln mit Druck das Motiv auf. Lassen Sie den Stoff anschließend gut auskühlen und ziehen Sie dann vorsichtig die Schutzfolie vom Motiv ab.

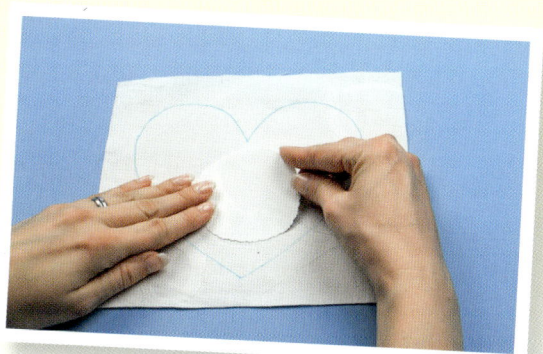 

Verzierungen aufbringen

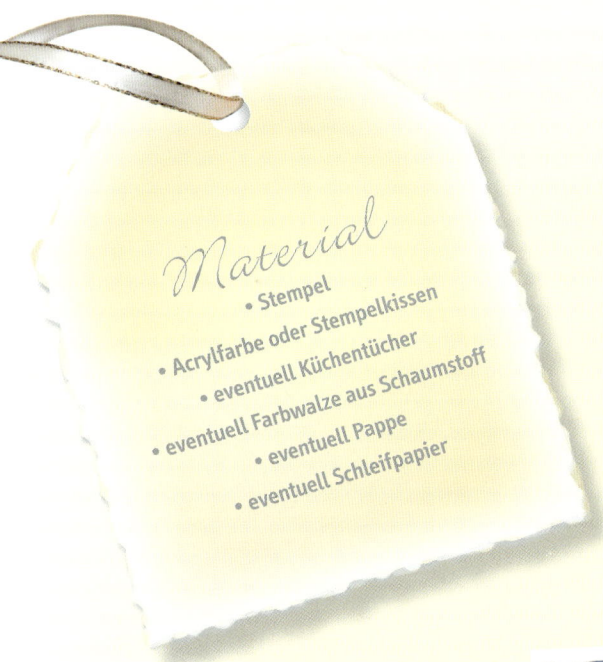

Stempeln

Um einen Antik-Look mit einem Schaumstoff-Stempel zu erzeugen, sollte der Stempel nach der Farbaufnahme zunächst einmal auf einem Küchentuch o. Ä. aufgebracht werden, bevor er auf dem Werkstück zum Einsatz kommt. Dadurch ist das Stempelbild auf dem Holz nicht ganz gleichmäßig. Es sieht bereits alt und abgenutzt aus.

Wenn Sie Gummi-, Acryl- oder Moosgummi-Stempel verwenden, müssen Sie bei der Farbaufnahme ein wenig aufpassen. Am einfachsten ist die Anwendung mit farbigen Stempelkissen. Bei der Anwendung mit Acrylfarbe sollten Sie eine Farbwalze aus Schaumstoff zu Hilfe nehmen. Tragen Sie die Farbe mit der Walze hauchdünn auf ein Stück Pappe auf und drücken Sie den Stempel dann vorsichtig in die ausgewalzte Farbe. Achten Sie darauf, dass nicht zu viel Farbe aufgenommen wird. Damit das Motiv anschließend einen alten Look bekommt, können Sie es etwas mit Schleifpapier nacharbeiten.

Hinweis

Seien Sie beim Reinigen von Schaumstoff-Stempeln sehr vorsichtig, damit Sie keine Risse oder Löcher in den Schaumstoff reißen.

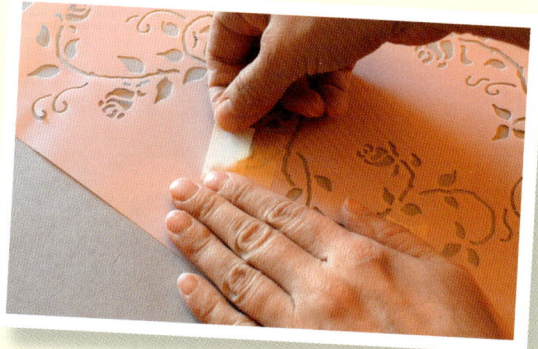

Schablonieren

Die Schabloniertechnik ist eine Methode, um Bordüren und Ornamente oder einzelne Motive auf Gegenständen aufzubringen. Wenn Sie nur einen Teil oder einen bestimmten Ausschnitt des Motivs auf Ihr Werkstück übertragen möchten, kleben Sie am besten die angrenzenden Motivteile mit Malerkreppband ab. So verhindern Sie, dass dort unerwünscht Farbe auf Ihr Werkstück gelangen kann.

Dann wird die Schablone auf dem Werkstück fixiert, damit sie beim Aufbringen der Farbe nicht verrutscht. Besprühen Sie sie dazu dünn und gleichmäßig aus ca. 30 cm Entfernung auf der Rückseite mit Sprühkleber. Kurz auslüften lassen, auf das Werkstück auflegen und andrücken. Wenn Sie ganz sicher gehen wollen, können Sie die Schablone zusätzlich mit Malerkreppband fixieren.

Nehmen Sie nun etwas Acrylfarbe mit dem Stupfpinsel auf und tupfen Sie das Motiv der Schablone ganz dünn damit aus. Sobald das gesamte Motiv übertragen ist, lösen Sie die Schablone an einem Ende an und ziehen sie vorsichtig ab.

Damit das Motiv einen alten, abgenutzten Look bekommt, können Sie es nach dem Trocknen der Farbe etwas mit Schleifpapier anschleifen. Fertig ist die Verzierung!

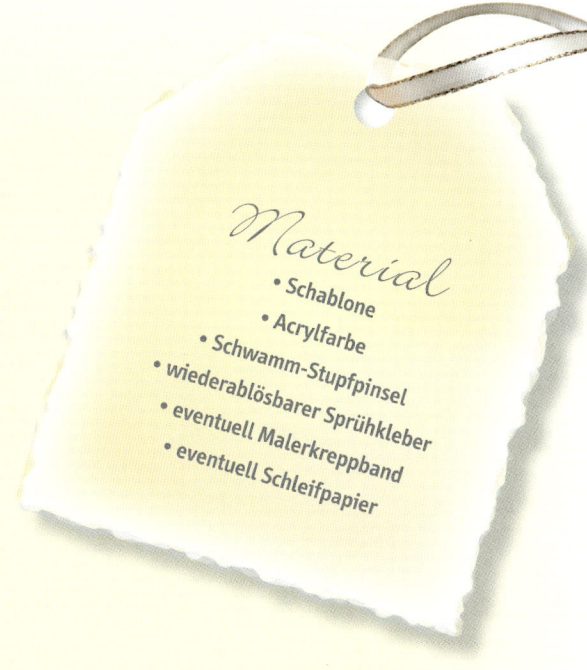

Material

- Schablone
- Acrylfarbe
- Schwamm-Stupfpinsel
- wiederablösbarer Sprühkleber
- eventuell Malerkreppband
- eventuell Schleifpapier

Hinweise

Achten Sie darauf, dass Sie nicht zu viel Farbe aufnehmen und auf die Schablone auftupfen, da das Motiv ansonsten leicht verläuft oder die Farbe unter die Schablone gedrückt wird.

Neben den Schwamm-Stupfpinseln gibt es auch Borsten-Stupfpinsel. Ich präferiere den Schwamm-Stupfpinsel, wenn ich auf Holz oder Pappe arbeite, da die Oberfläche dadurch schon eine antike Anmutung erhält. Den Borsten-Stupfpinsel verwende ich gerne, um Schablonenmuster auf Textilien aufzubringen.

Papier- und Servietten-motive aufbringen

Papiermotive aufbringen: Schneiden Sie zunächst das gewünschte Motiv grob aus und bemalen Sie es auf der Rückseite mit weißer Acrylfarbe. Dies verhindert, dass bei dunkleren Untergründen die Farbe durch das Motiv durchscheint. Erst nach dem Trocknen schneiden Sie das Motiv dann exakt aus.

Dann wird das Motiv auf der Rückseite mit Découpagekleber eingestrichen und auf die gewünschte Stelle aufgebracht. Streichen Sie mit dem Pinsel von der Mitte aus über das Motiv, sodass der überschüssige Klebstoff und Luftblasen herausgedrückt werden, und entfernen Sie den Klebstoff mit einem Küchentuch. Nach dem Trocknen überziehen Sie das Motiv und das gesamte Werkstück etwa ein- bis dreimal zum Schutz mit Découpagelack.

Bei der Serviettentechnik schneiden Sie das gewünschte Motiv direkt exakt aus und lösen dann die oberste, bedruckte Schicht ab. Nun tragen Sie den Serviettenkleber auf die Stelle auf, auf der das Motiv später fixiert werden soll, und legen das Motiv auf. Streichen Sie mit einem weichen Pinsel etwas Serviettenkleber von der Mitte zum Rand hin auf und lassen Sie ihn gut trocknen, bevor Sie das gesamte Werkstück mit Serviettenlack überziehen.

Wenn Sie Porzellan mit einem Serviettenmotiv verzieren möchten, gehen Sie im Grunde wie beschrieben vor. Reinigen Sie die Oberfläche jedoch zuvor mit Spiritus oder Alkohol von Staub und Fett und verwenden Sie Serviettenkleber für Porzellan. Das Porzellan-Medium gut austrocknen lassen (mindestens 6 Stunden) und anschließend nach Herstel-lerangabe im Backofen einbrennen, damit das Motiv wasser- und spülmaschinenfest wird.

Hinweise

Wenn Sie ein Découpagemotiv auf eine Rundung aufkleben wollen, weichen Sie es am besten zunächst in etwas Wasser ein, um das Papier geschmeidiger zu machen. Legen Sie das Motiv anschließend auf ein Küchentuch und tupfen Sie es etwas ab.

Statt Découpagepapieren und dem entsprechenden Klebstoff bzw. Lack können ebenso Décopatch®-Papiere und die entsprechenden Hilfsmittel verwendet werden.

Material

- Zierleiste oder MDF-Teil
- Holzleim
- eventuell Säge
- eventuell Gehrungs-schneidlade

Zierleisten und MDF-Teile anbringen

Versehen Sie die MDF-Teile oder Holzzierleisten auf der Rückseite mit etwas Holzleim und drücken Sie die Dekore auf der gewünschten Stelle an. Nachdem der Leim getrocknet ist, können Sie die MDF-Teile oder Zierleisten nach Geschmack passend zum Werkstück bemalen und mit den Techniken des Shabby Chic ausgestalten.

Damit Sie die einzelnen Leisten im rechten Winkel aneinandersetzen können, müssen Sie die Enden im 45-Grad-Winkel abschrägen. Dabei ist eine Gehrungsschneidlade, die es z. B. im Baumarkt zu kaufen gibt, sehr nützlich. Führen Sie das Sägeblatt einfach in der dafür vorgesehenen Öffnung.

Sessel mit Stoff beziehen

- Stoff
- Samtband, Keder oder Polsterband
- Seidenpapier
- Elektrotacker
- Schneiderkreide oder Markierstift
- Schere, Nagelschere
- Maßband
- Stecknadeln
- Holzleim
- Schleifpapier

Auf dem Flohmarkt kann man echte Raritäten entdecken. Doch oft hat es die Zeit mit den einmaligen Fundstücken nicht sehr gut gemeint. Und nicht selten sind die Gebrauchsspuren selbst für Shabby Chic-Liebhaber zu viel. Doch lassen Sie sich nicht abschrecken! Meist reichen ein paar Handgriffe und die Flohmarktschätze erstrahlen schnell wieder in neuem Glanz.

Grundieren Sie den Sessel und lackieren Sie ihn nach dem Trocknen weiß. Um dem Möbelstück einen antiken Look zu verleihen, bearbeiten Sie die Kanten mit Schleifpapier.

Dann fertigen Sie aus Seidenpapier einen halben Schnitt für die Sitzfläche an. Hierzu markieren Sie parallel zur Lehne die Mitte der Sitzfläche mit Stecknadeln. Das Seidenpapier genau an der Mittellinie anlegen. Nun die Kontur der hinteren Stuhlsitzhälfte nachzeichnen. Anschließend das Schnittmuster ausschneiden.

Den Stoff halten, das halbe Schnittmuster an den Stoffbruch legen und mit Schneiderkreide die Kontur nachzeichnen. Fügen Sie dabei etwa 1 cm Nahtzugabe zu. An den Ecken geben Sie 1,5 cm zum Einschlagen zu.

Nun den Stoff zuschneiden und die Ecken, an denen später die Stuhlbeine sind, schräg einschneiden.

Den zugeschnittenen Stoff auf die Sitzfläche legen, am Rand mit Stecknadeln befestigen und an den Ecken einschlagen.

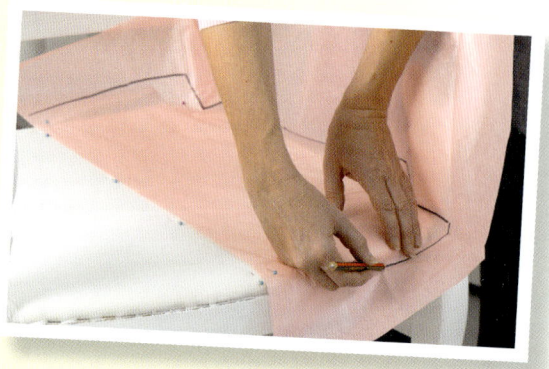

Den Stoff mit möglichst wenig Abstand zum Polster am Holz festtackern.

Das Samtband zuschneiden. An den Bandenden je 1 cm Zugabe lassen und nach innen falten. Das Band mit dem Holzleim so aufkleben, dass Klammern und Stoffkante verdeckt werden.

Dann einen Bezug für die Sitzauflage nähen. Die Auflage auf die Rückseite des Stoffes legen mit Schneiderkreide im rechten Winkel zum Stoff daran einlangfahren. Als Zugabe 14 cm anzeichnen.

Nun schneiden Sie den Stoff zu. An den Ecken schneiden Sie den Stoff diagonal ein.

Den Stoff mit Stecknadeln an der Auflage fixieren. Mit einem stabilen Faden den Stoff an der Unterseite des Polsters festnähen. Nun das fertige Polster in den Sessel legen. Für die Rückenlehne gehen Sie genauso vor, wie bei der Sitzfläche beschrieben: Schnittmuster anfertigen, auf den Stoff übertragen und ausschneiden. An den vier Ecken kleine Fältchen einlegen, damit der Stoff auf der Fläche gerade sitzt. Den Stoff feststecken, antackern und das Samtband aufkleben.

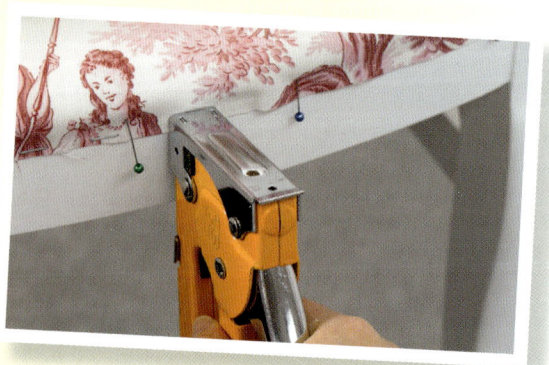

Inspirationen

Holz und Möbel

Material
Schränkchen

Material
Schränkchen

- kleines Schränkchen
- Acrylfarbe in Edelweiß und Smaragd
- weicher Flachpinsel, Größe 40
- Schleifpapier, Körnung 80
- Malerkreppband
- Holzbohrer, Größe 3/32
- Steckdraht, ø 0,8 mm
- Weidenkranz, ø 16 cm
- kleines Zinkherz und Karoband in Rot-Weiß

Schlüsselbrett

- Holzbrett, 25 cm x 30 cm
- Acrylfarbe in Mausgrau und Weiß
- Rost-Finish Eisengrundierung und Oxidationsmittel
- weicher Flachpinsel, Größe 40
- Rundpinsel, Größe 4
- Schwamm-Stupfpinsel
- selbsthaftende Schablone mit Zahlen
- Schleifpapier, Körnung 80
- 6 Zinkherzen
- 6 Schrauben in Schwarz, 3,0 x 20 mm
- 6 kurze Holzschrauben, 2,5 x 12 mm
- Spiegelblech, 25 mm x 30 mm, als Aufhängung
- Schraubenzieher

Schränkchen

1 Bereiten Sie das Schränkchen wie auf Seite 30/31 beschrieben vor, indem Sie es gegebenenfalls mit Holzwurmmittel behandeln und die alte Lackschicht zum Beispiel durch Abschleifen entfernen oder aufrauen. Den Schleifstaub anschließend gründlich mit einem Besen entfernen.

2 Grundieren Sie zunächst den Korpus (ohne die obere Platte) mit Acrylfarbe in Edelweiß. Kleben Sie dabei die Griffe zum Schutz mit Malerkreppband ab. Die Farbe gut trocknen lassen.

3 Nun die Platte des Schränkchens in Smaragd anstreichen. Auch hier hilft es, wenn Sie den Korpus mit Malerkreppband vor unliebsamen Farbflecken schützen. Die Farbe wieder gut trocknen lassen.

4 Schleifen Sie mit dem Schleifpapier die Ecken und Kanten des Schränkchens etwas an, damit das darunterliegende Holz wieder etwas durchkommt und so ein schöner Shabby-Look entsteht.

5 Zur Befestigung des Kranzes legen Sie den Kranz auf die Tür und markieren am oberen Teil einmal am inneren und einmal am äußeren Rand je ein Bohrloch. Bohren Sie die Löcher in die Tür, befestigen Sie den Kranz mithilfe des Steckdrahts und dekorieren Sie ihn mit dem Herz und dem Karoband.

Schlüsselbrett

1 Grundieren Sie zunächst das Brett mit Acrylfarbe in Mausgrau und tragen Sie nach dem Trocknen eine deckende Schicht in Weiß auf. Die Farbe gut trocknen lassen, dann die Kanten mit dem Schleifpapier leicht anschleifen, sodass die graue Farbe wieder etwas durchkommt.

2 Mit einem Pinsel nun an den Rändern der Zinkherzen etwas Eisengrundierung auftragen und trocknen lassen. Danach eine zweite Schicht der Eisengrundierung auftragen und zwölf Stunden trocknen lassen.

3 Auf die Eisengrundierung nun das Oxidationsmittel auftragen und zwei Stunden trocknen lassen. Den Vorgang so oft wiederholen, bis der gewünschte Effekt eingetreten ist.

4 Schablonieren Sie mit weißer Acrylfarbe die Zahlen 1 bis 6 auf die Herzen und schrauben Sie diese nach dem Trocknen mit Holzschrauben in regelmäßigen Abständen auf das Brett. Drehen Sie die Schrauben nicht ganz hinein. Die Herzen sollten lose am Brett hängen.

5 Die schwarzen Schrauben mit einem Schraubenzieher unter den Herzen in das Holz drehen, sodass Schlüssel daran aufgehängt werden können. Zuletzt auf der Rückseite das Spiegelblech als Aufhängung anbringen.

Material

- 3 Holzspiegel, ca. 25 cm x 25 cm
- Acrylfarbe in Himmelblau, Creme, Pink und Dunkelbraun
- weicher Flachpinsel, Größe 20
- 3 verschiedene Zierleisten aus Holz
- Holzleim
- Schleifpapier, Körnung 80
- Malerkreppband
- Säge
- Gehrungsschneidlade
- Lineal
- Bleistift

1 Beginnen Sie mit dem Zusägen der Zierleisten. Für den Spiegel in Pink benötigen Sie zwei Leisten in der Breite des Spiegels. Für den Spiegel in Himmelblau und für den Spiegel in Weiß benötigen Sie jeweils vier Leisten, die Sie mithilfe der Gehrungsschneidlade an den Enden im 45-Grad-Winkel absägen. Beim blauen Spiegel entspricht die kürzere Seite der Leiste der Breite der Öffnung im Rahmen. Beim weißen Spiegel ist sie etwas länger.

2 Kleben Sie nun die zugeschnittenen Leisten mit Holzleim an der gewünschten Stelle auf und lassen Sie den Leim gut durchtrocknen. Danach bemalen Sie die Rahmen der Spiegel komplett mit dunkelbrauner Acrylfarbe. Kleben Sie die Spiegelfläche zuvor zum Schutz mit etwas Malerkreppband ab. Die Farbe gut trocknen lassen.

3 Übermalen Sie die braune Farbe nun mit Acrylfarbe in Himmelblau, Creme bzw. Pink und lassen Sie den Anstrich erneut gut trocknen.

4 Zum Schluss werden die Ecken und Kanten mit dem Schleifpapier vorsichtig angeschliffen, bis die dunkelbraune Farbe wieder hervortritt.

Garderobe und Bank

Garderobe

1 Da es sich um ein altes Brett handelt, werden zunächst alle Verschmutzungen entfernt und das Brett gründlich mit Schleifpapier abgeschliffen. So ist der Untergrund optimal für die weitere Bearbeitung vorbereitet.

2 Nun zunächst den Krakelierlack wie auf Seite 34 beschrieben auftragen und trocknen lassen. Anschließend eine Schicht Acrylfarbe aufbringen und den Anstrich erneut trocknen lassen. Dabei entstehen die typischen Risse in der Farbe.

3 Das bemalte Brett wie bei der Bank (Schritt 4) und auf Seite 37 beschrieben zuerst mit dem Schleifpapier und dann mit der Drahtbürste bearbeiten.

4 Bringen Sie die Beschläge für die Aufhängung auf der Rückseite an – in gleichmäßigem Abstand zu den Seiten. Zuletzt werden die vier Kleiderhaken in gleichmäßigem Abstand auf der Vorderseite des Brettes festgeschraubt.

Bank

1 Die Bank mit dem Schleifpapier leicht anschleifen und für den Farbauftrag vorbereiten. Dann den Krakelierlack wie auf Seite 34 beschrieben an wenigen kleinen Stellen dick auftropfen und mit dem Finger leicht verteilen, an anderen Stellen dünn aufpinseln. Darauf achten, dass der Krakelierlack immer in Richtung der Holzmaserung aufgetragen wird.

2 Den Krakelierlack einige Stunden trocknen lassen, bis auch die dickeren Stellen gut durchgetrocknet sind.

3 Die Acrylfarbe gleichmäßig in Richtung der Holzmaserung auftragen. Die frisch gemalte Farbfläche reißt während des Trockenprozesses an den mit Krakelierlack behandelten Stellen auf. Die Untergrundfarbe wird nun in den Rissen sichtbar. Alles gut trocknen lassen.

4 Mit Schleifpapier einige Stellen an der Bank und insbesondere die Kanten anschleifen, sodass das Holz darunter sichtbar wird. Anschließend mit der Drahtbürste in Richtung der Maserung und mit leichtem Druck an einigen Stellen über die Farbe bürsten (siehe Seite 37).

Material

Garderobe

- altes Holzbrett, ca. 85 cm x 15 cm
- Acrylfarbe in Creme
- Krakelierlack
- weicher Flachpinsel, Größe 40
- Schleifpapier, Körnung 80
- Drahtbürste
- 4 Kleiderhaken aus Metall
- Schraubenzieher
- 2 Spiegelbleche, 25 mm x 30 mm, für die Aufhängung
- ca. 12 Holzschrauben (Länge je nach Brettdicke)

Bank

- Holzbank, ca. 140 cm x 35 cm
- Acrylfarbe in Edelweiß
- Krakelierlack
- weicher Flachpinsel, Größe 40
- Schleifpapier, Körnung 80
- Schleifklotz
- Drahtbürste

Kleines Vogelhaus

1 Das Vogelhaus bis auf das Dach und die Zaunlatten in Weiß grundieren und die Farbe trocknen lassen. Dann zunächst alle Stellen rund um den Zaun, die keine blaue Farbe abbekommen sollen, mit Malerkreppband abkleben. Die Zaunlatten in Babyblau streichen und trocknen lassen.

2 Die Patina anrühren (ca. 1 EL Patinaflüssigkeit und einen dünnen, ca. 2 cm langen Streifen Umbra-Paste) und mit einem weichen Pinsel gleichmäßig auf dem weiß bemalten Vogelhaus und auf dem Zaun verteilen. Das überschüssige Patina-Medium mit einem Küchentuch abwischen. Trocknen lassen.

3 Das Geschenkpapier entsprechend der Größe des Daches mit etwas Zugabe zuschneiden. Dabei bitte an die Aussparung für den Schornstein denken. Das Papier auf der Rückseite satt mit Découpagekleber bestreichen.

4 Das Papier zunächst über den Schornstein stülpen, glätten und mit einem Küchentuch den überschüssigen Klebstoff unter dem Papier herausstreichen, damit sich keine Bläschen und Wellen bilden. Die Zugabe am First und an den Dachenden einschneiden, um das Dach schlagen und festkleben.

5 Nach dem Trocknen des Klebstoffs können Sie dem Dach des Vogelhäuschens den letzten Schliff geben. Dazu etwas Patina-Medium mit dem Rundpinsel unregelmäßig entlang der Ränder und Kanten auftragen und mit einem Küchentuch wieder abwischen. Nach dem Trocknen das Band um den Schornstein zur Schleife binden.

Hinweis

Falls Sie das Haus für den Außenbereich verwenden möchten, sollten Sie es ein- bis zweimal komplett mit wetterfestem Klarlack überziehen.

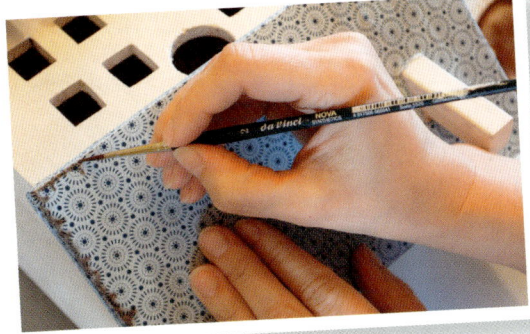

Material

- Holzvogelhaus
- Acrylfarbe in Weiß und Babyblau
- Patina-Set in Umbra
- weicher Flachpinsel, Größe 12 und 30
- Rundpinsel, Größe 4
- Geschenkpapier in Blau mit Kreisen
- Découpagekleber
- Streifenband in Blau-Weiß
- Malerkreppband
- Küchentücher
- Cutter und Schere
- Lineal
- Bleistift
- eventuell wetterfester Klarlack

Nostalgische Kleiderbügel

1 Schrauben Sie, wenn möglich, den Haken des Kleiderbügels ab. Ist dies nicht möglich, kleben Sie ein Stück Malerkreppband um den Haken, um ihn so vor Farbe zu schützen. Dann bringen Sie beim Bügel mit der Ranke das MDF-Teil mit Holzleim auf.

2 Grundieren Sie die Kleiderbügel mit brauner Acrylfarbe und lassen Sie den Anstrich gut trocknen. Übermalen Sie dann die dunkelbraune Farbe mit Acrylfarbe in Weiß und lassen Sie den Anstrich erneut gut trocknen.

3 Schleifen Sie an den Kanten etwas die weiße Farbe wieder ab, sodass die darunter liegende braune Farbe wieder hervorkommt. Zum Schluss noch leicht über die MDF-Ranke schleifen.

4 Für den Bügel mit Rose schneiden Sie eine Rose aus dem Découpage-Bogen, bringen sie wie auf Seite 46 beschrieben auf und überziehen dann den gesamten Bügel mit Découpagelack.

5 Beim dritten Bügel tupfen Sie mithilfe eines Pinselstiels rosa Punkte auf. Nach dem Trocknen gegebenenfalls die Haken wieder einschrauben und die Karobänder umbinden.

Material

- Kleiderbügel, ca. 44 cm breit
- Acrylfarbe in Dunkelbraun und Weiß
- weicher Flachpinsel, Größe 20
- Schleifpapier, Körnung 80
- Malerkreppband

zusätzlich für Bügel mit Rose

- Découpagepapier mit Rosen
- Découpagekleber
- Découpagelack, seidenmatt
- Küchentuch

zusätzlich für Bügel mit Ranke

- MDF-Teil: Ranke
- Holzleim
- Karoband in Blau-Weiß, 1 cm breit, ca. 40 cm lang

zusätzlich für Bügel mit Punkten

- Acrylfarbe in Babyrosa
- Karoband in Rosa-Weiß, 5 mm breit, ca. 40 cm lang

Material
Tablett

- Landhaustablett aus Holz
- Acrylfarbe in Weiß, Babyblau und Mittelbraun
- weicher Flachpinsel, Größe 30
- dünner Rundpinsel, Größe 2
- Haushaltsschwamm
- Geschenkpapier in Blau mit Kreisen
- Découpagekleber
- Découpagelack, seidenmatt
- Küchentuch
- Grafitpapier
- Kugelschreiber
- Wasser

Windlicht

- Windlichterset mit Holzeinfassung
- Patina-Medium in Kastanie
- Stempelkissen in Cotton White
- Stempel mit Rosenblüte
- weicher Flachpinsel, Größe 20
- weiches Tuch
- Schleifpapier, Körnung 80
- Karoband in Hellblau-Weiß, 1,4 cm breit, 3 x 45 cm lang
- 3 Satinrosen auf Schleife in Creme
- Küchentuch
- Klebstoff

Tablett

1 Verdünnen Sie die weiße Acrylfarbe im Verhältnis 1:1 mit Wasser und grundieren Sie das komplette Tablett damit. Trocknen lassen.

2 Etwas mittelbraune Acrylfarbe stark mit Wasser verdünnen (Mischungsverhältnis ca. 1:4) und mit dem Schwamm an den Kanten aufwischen. Dabei immer nur wenig Farbe mit dem Schwamm aufnehmen und diesen am besten zunächst einige Male auf einem Küchentuch abtupfen. Die überschüssige Farbe auf dem Tablett sofort mit dem Tuch wegwischen.

3 Übertragen Sie nun die Vorlage für die Verzierung mit dem Grafitpapier auf das Tablett und malen Sie das Motiv mit Acrylfarbe auf. Gut trocknen lassen.

4 Als Nächstes das Papier sorgfältig auf die entsprechende Größe der Böden zuschneiden, auf der Rückseite satt mit Découpagekleber einstreichen und auf die Böden kleben. Mit einem Küchentuch den überschüssigen Klebstoff und Bläschen unter dem Papier herausstreichen und sofort wegwischen. Zum Schluss das gesamte Tablett zum Schutz mit Découpagelack überziehen.

Windlicht

1 Das Patina-Medium Seite für Seite mit dem Pinsel gleichmäßig auftragen und mit einem Küchentuch sofort wieder wegwischen. Anschließend den Rosenstempel gleichmäßig auf das Stempelkissen drücken und je drei Rosen auf jeder der langen Seiten aufbringen (siehe Seite 44).

2 Mit dem Schleifpapier nun die Kanten etwas anschleifen, damit das helle Holz teilweise wieder sichtbar wird. Dann das Karoband um die Glasgefäße binden und verknoten. Zum Schluss auf jeden Knoten eine cremefarbene Satinrose kleben.

Verspielte Rosenornamente

Schatulle

1 Zunächst alle Scharniere, Griffe und sonstige Befestigungen der Schatulle entfernen. Dann streichen Sie die äußeren Holzteile mit brauner Acrylfarbe an. Gut trocknen lassen und dann alles mit einer Schicht in Babyrosa übermalen. Wieder gut trocknen lassen.

2 Mit Schleifpapier werden nun alle Ränder und Ecken so weit angeschliffen, dass das Mittelbraun wieder hervorkommt. Danach alle Teile vom Schleifstaub befreien. Dies geht am besten mit einem weichen Pinsel.

3 Schneiden Sie nun das karierte Papier auf die Größe der Fachböden zu und fixieren Sie die einzelnen Einlegeblätter mit doppelseitigem Klebeband in den Fächern.

4 Als Nächstes wird das große Ornament aufgebracht. Fixieren Sie dazu die einzelnen Teile der Schatulle mit Malerkreppband, damit sie nicht verrutschen. Kleben Sie gegebenenfalls einzelne Teile der Schablone mit Malerkreppband ab und fixieren Sie die Schablone auf der Schatulle. Verwenden Sie dazu den Sprühkleber (siehe Seite 45).

5 Nun mit einem Stupfpinsel das Rosenmotiv ausmalen. Die Schablone anschließend vorsichtig entfernen und das aufgebrachte Muster gut trocknen lassen. Dann können Sie nach Wunsch weitere Rosenmotive mit der Schablone auf die Schatulle übertragen.

6 Um dem Rosenmotiv einen Shabby-Look zu geben, wird das Muster leicht mit Schleifpapier bearbeitet. Zum Schluss alle Scharniere, Griffe und sonstigen Befestigungen wieder anschrauben.

Tablett

1 Das Tablett mit der Ebenholz-Lasur gleichmäßig grundieren. Trocknen lassen und anschließend mit weißer Acrylfarbe anstreichen. Erneut gut trocknen lassen.

2 Die Schablone mit Sprühkleber auf dem Tablett fixieren (siehe Seite 45) und zusätzlich mit etwas Malerkreppband festkleben. Dann können Sie die Blüte mit dem Stupfpinsel ausmalen. Die Schablone vorsichtig abziehen und das Motiv gut trocknen lassen.

3 Das Rosenmotiv und das Tablett vorsichtig mit dem Schleifpapier etwas anschleifen und das Tablett zum Schutz anschließend komplett mit Klarlack überziehen.

Material
Holzschatulle

- Holzschatulle
- Acrylfarbe in Mittelbraun, Mintgrün, Pink und Babyrosa
- weicher Flachpinsel, Größe 20
- Schwamm-Stupfpinsel
- Schablone mit Rosenornament
- Schleifpapier, Körnung 80
- Tonpapier in Rosa-Weiß kariert, ca. 23 cm x 33 cm
- doppelseitiges Klebeband
- Malerkreppband
- wiederablösbarer Sprühkleber
- Schraubenzieher
- Schere

Tablett

- Holztablett, ca. 20 cm x 30 cm
- Acrylfarbe in Babyrosa, Mintgrün und Weiß
- Lasur in Ebenholz
- weicher Flachpinsel, Größe 20
- Schwamm-Stupfpinsel
- Schablone mit Rosenmotiv
- Schleifpapier, Körnung 80
- wiederablösbarer Sprühkleber
- Malerkreppband
- Klarlack, matt

Material

Stuhl

- Gartenstuhl
- Acrylfarbe in Dunkelbraun
- wetterfester Buntlack in Zartblau, seidenmatt
- Krakelierlack
- weicher Flachpinsel, Größe 12 und 40
- Schleifpapier, Körnung 120
- Heißluftföhn und Malerspachtel (alternativ Eck- oder Schwingschleifer)
- Malerkreppband

Schild

- Holzschild, ca. 14 cm x 9 cm
- Acrylfarbe in Dunkelbraun und Meergrün
- weicher Flachpinsel, Größe 12
- dünner Rundpinsel, Größe 0
- Schleifpapier, Körnung 80
- Grafitpapier
- Kugelschreiber
- Steckdraht, ø 0,8 mm, 30 cm lang
- Rundzange
- Weidenkranz, mit Blumengirlande und Karoband dekoriert, ø 25 cm
- eventuell Klarlack, seidenmatt

Stuhl

1 Entfernen Sie die alte Farbe des Gartenstuhls mit dem Heißluftföhn (siehe Seite 31) und säubern Sie ihn gründlich von den entfernten Farbresten. Anschließend grundieren Sie die Holzlatten mit brauner Acrylfarbe und lassen diese gut trocknen.

2 Tragen Sie nun an einigen Stellen den Krakelierlack auf und lassen Sie diesen gut trocknen (siehe Seite 34). Streichen Sie dann die Holzlatten mit wetterfestem Buntlack in Zartblau. Alles gut trocknen lassen und anschließend einige Ecken und Kanten mit Schleifpapier anschleifen, bis die braune Farbe wieder etwas sichtbar wird.

Schild

1 Grundieren Sie zunächst das Holzschild in Dunkelbraun und lassen Sie die Farbe gut trocknen. Bemalen Sie nun das Holzschild mit Acrylfarbe in Meergrün und lassen Sie erneut alles gut trocknen.

2 Anschließend übertragen Sie die Vorlage des Schriftzuges sowie die Verzierungen mit dem Grafitpapier auf das Holzschild und malen die Schrift und die Verzierungen mit dunkelbrauner Acrylfarbe nach.

3 Nachdem die Farbe gut durchgetrocknet ist, werden die Kanten mit Schleifpapier etwas abgeschliffen, bis die dunkelbraune Farbe wieder hervorkommt. Für die Aufhängung den Draht u-förmig biegen, von hinten durch die Löcher stecken und die Enden mit der Rundzange zu Spiralen drehen.

4 Befestigen Sie das Schild mit der Drahtschlaufe am Kranz, z. B. indem Sie es an einen der Weidenäste hängen.

Verzierte Holzschatullen

Große Kiste

1 Tragen Sie an einigen Stellen der Kiste Krakelierlack auf und lassen Sie ihn gut trocknen (siehe Seite 34). Anschließend den Deckel mit Acrylfarbe in Babyblau und den Kasten in Elfenbein anstreichen. Gut trocknen lassen.

2 Zunächst das Patina-Medium in Kastanie zügig auf den Kasten auftragen und sofort mit dem weichen Tuch wieder abnehmen. Gehen Sie dabei Seite für Seite vor. Trocknen lassen, dann mit dem weißen Patina-Medium auf dem Deckel ebenso verfahren.

3 Lassen Sie auf den Metallgriffen mit der Eisengrundierung und dem Oxidationsmittel einen Rost-Look entstehen (siehe Seite 38). Das Poesiebild auf den Deckel kleben und nach dem Trocknen ganz vorsichtig mit Schleifpapier anschleifen, damit es etwas abgewetzt aussieht. Zuletzt die Griffe an die Kiste schrauben.

Kleine Kiste

1 Entfernen Sie zunächst alle Metallbeschläge und grundieren Sie das Kästchen von außen in Englisch Rosa. Die Farbe gut trocknen lassen.

2 Nun die Kerze anzünden und das Wachs hin und wieder auftropfen lassen. Dabei können Sie das Wachs an ein paar Stellen etwas verwischen, sodass größere Stellen entstehen.

3 Anschließend das Kästchen innen und außen in Mausgrau grundieren und alles gut trocknen lassen.

4 Schaben Sie zunächst mit dem Spachtel die Wachsflecken ab und bearbeiten Sie dann die Ecken, Kanten und Flächen leicht mit Schleifpapier, sodass die untere Farbe teilweise wieder hervorkommt.

5 Nun wird die Verzierung angebracht. Fertigen Sie dazu aus der dünnen Pappe mithilfe der Vorlage eine Schablone für das Oval an. Befestigen Sie sie mit Malerkreppband mittig auf dem Deckel und malen Sie das Oval mit dem Stupfpinsel in Babyrosa aus. Die Schablone entfernen und die Farbe gut trocknen lassen.

6 Setzten Sie mit einem Pinselstiel rund um das Oval kleine Punkte auf und lassen Sie sie trocknen. Das Poesiebild mittig aufkleben. Sobald der Klebstoff trocken ist, überziehen Sie das gesamte Kästchen gleichmäßig mit der Firnis. Nach dem Trocknen wird das Kästchen wieder zusammengefügt.

Material

Große Kiste

- Holzbox, ca. 34 cm x 7 cm x 13 cm
- Acrylfarbe in Elfenbein und Babyblau
- Patina-Medium in Kastanie und Weiß
- Rost-Finish Eisengrundierung
- Rost-Finish Oxidationsmittel
- Krakelierlack
- weicher Flachpinsel, Größe 40
- weiches Tuch
- Schleifpapier, Körnung 80
- 2 Metallgriffe mit Schrauben
- Schraubenzieher
- Poesiebild: Rosen
- Klebstoff

Kleine Kiste

- Holzkästchen, ca. 20 cm x 12 cm x 5,5 cm
- Acrylfarbe in Babyrosa, Englisch Rosa und Mausgrau
- Firniss, seidenmatt
- Schwamm-Stupfpinsel
- weicher Flachpinsel, Größe 20
- Schleifpapier, Körnung 120
- Kerze
- Malerspachtel
- Cutter
- dünne Pappe
- Malerkreppband
- Poesiebild: Rosen
- Klebstoff

Bilderrahmen

Material

- Pappmaché-Rahmen mit Ornamenten, 20 cm x 20 cm und 10,5 cm x 10,5 cm
- Acrylfarbe in Weiß und Hellbraun
- Patinamedium in Walnuss
- Schleifpapier (120er Körnung)
- Flachpinsel
- Farbwalze
- Stempel Motiv Vogel
- Stempel Motiv Blatt
- Kopierpapier
- Klebstoff
- Kalter Kaffee zum Einfärben des Papiers
- Küchentuch

Großer Rahmen

1 Tragen Sie die Farbe dünn und gleichmäßig mit einer Farbwalze auf den Stempel auf.

2 Damit das Druckbild nicht zu gleichmäßig wird, den Stempel kurz auf ein Küchenpapier drücken und anschließend auf das mit Kaffee eingefärbte Papier (siehe Seite 41) aufdrücken.

3 Grundieren Sie den Rahmen mit weißer Acrylfarbe und lassen Sie die Farbe gut durchtrocknen.

4 Schleifen Sie mit Schleifpapier vorsichtig an den Kanten und Ecken sowie dem Reliefmuster etwas die Farbe ab.

5 Kleben Sie mit Klebstoff das Motiv in den Rahmen.

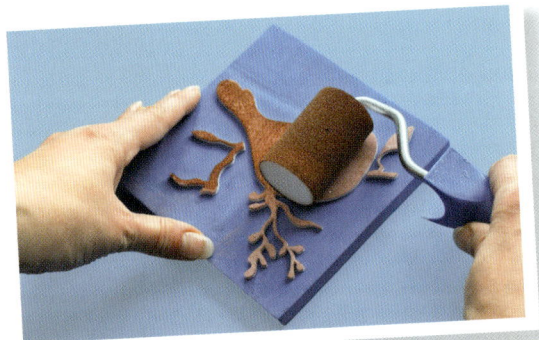

Kleiner Rahmen

1 Nachdem Sie den Rahmen ebenfalls weiß grundiert haben, tragen Sie das Patina-Medium ungleichmäßig auf den Rahmen auf.

2 Nehmen Sie sofort mit einem Küchentuch die Patina wieder ab. Bei größeren Flächen in Teilabschnitten arbeiten.

Hocker mit Sitzkissen

Hocker

Den Hocker mit weißer Acrylfarbe grundieren. Farbe gut trocknen lassen. Ecken und Kanten mit Schleifpapier etwas anschleifen.

Sitzkissen

1 Tupfen Sie für die Rosenblüte vorsichtig rote und für den Stängel und die Blätter grüne Textilfarbe auf den Stempel auf.

2 Bedrucken Sie so den ganzen Baumwollstoff mit dem Rosenmotiv und lassen Sie die Farbe gut trocknen. Fixieren Sie diese anschließend laut Herstellerangabe mit einem Bügeleisen.

3 Messen Sie die Sitzfläche Ihres Hockers aus und rechnen ca. 1 bis 1,5 cm Nahtzugabe hinzu. Schneiden Sie diese Maße aus dem Baumwollstoff zweimal zu und nähen diesen rechts auf rechts zusammen. Achten Sie darauf eine Stülpöffnung frei zu lassen. Drehen Sie das Sitzkissen auf links und befüllen Sie es mit Füllwatte.

4 Nähen Sie anschließend die Stülpöffnung zu. Binden Sie aus dem Bauernkaroband eine Schleife und nähen diese seitlich an das Sitzkissen an.

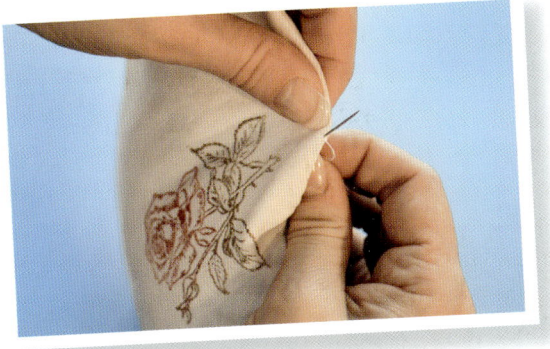

Holzkisten mit Ornamenten

Material

- Holzkisten, 30 cm x 20 cm x 13 cm
- Acrylfarbe in Weiß und Braun
- Stempel mit Ornament
- Schablone mit Ornamentmuster
- Schleifpapier (120er Körnung)
- Farbwalze
- Flachpinsel
- Küchenpapier
- Malerkreppband
- Haftkleber für Schablonen
- Schwammpinsel

1 Grundieren Sie die Holzkisten zunächst mit brauner Acrylfarbe und lassen Sie die Farbe gut trocknen.

2 Anschließend grundieren Sie die Kiste mit weißer Acrylfarbe, Farbe ebenfalls wieder gut trocknen lassen.

3 Schleifen Sie an den Ecken und Kanten die weiße Farbe vorsichtig wieder ab, so dass an manchen Stellen die braune Farbe etwas durchkommt.

Tipp

Sie können die Kiste auch zusätzlich noch mit Krakelierlack an einigen Stellen bestreichen, bevor Sie mit dem Auftrag der weißen Acrylfarbe beginnen (Seite 34).

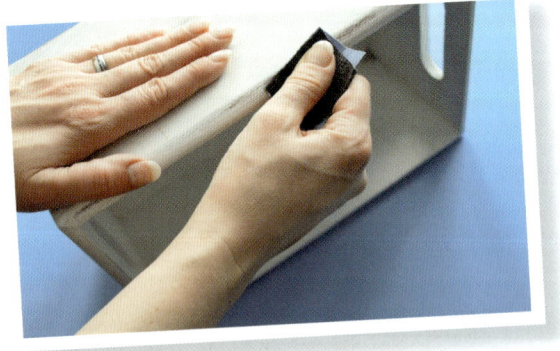

Stempel

1 Tragen Sie mit einer Farbwalze braune Farbe auf den Stempel auf. Um ein unregelmäßiges Druckbild zu bekommen, drücken Sie den Stempel kurz auf einem Küchenpapier ab.

2 Drücken Sie den Stempel nun an die gewünschte Stelle auf der Kiste vorsichtig auf.

Schablone

1 Kleben Sie die Stellen auf der Schablone mit Kreppband ab, die Sie nicht auf der Holzkiste mit aufbringen möchten.

2 Sprühen Sie die Rückseite der Schablone aus ca. 30 cm Abstand dünn und gleichmäßig mit dem Sprühkleber ein und lassen die Schablone kurz auslüften.

3 Befestigen Sie nun die Schablone an gewünschter Stelle auf der Holzkiste. Nehmen Sie etwas braune Acrylfarbe mit dem Schwammpinsel auf und tupfen Sie diese zunächst auf einem Küchenpapier wieder etwas ab. Tupfen Sie nun das Motiv der Schablone mit wenig Druck auf.

4 Entfernen Sie die Schablone und lassen das Schablonenmotiv gut durchtrocknen.

Tipp

Um das Druckbild eventuell noch ungleichmäßiger wirken zu lassen, können Sie das Motiv mit Schleifpapier zusätzlich etwas anschleifen.

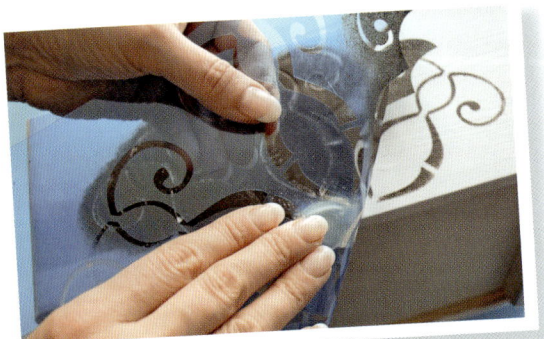

Ausprägungen des Shabby Chic

Englischer Landhausstil

Der englische Landhausstil orientiert sich an den Landsitzen und Cottages des britischen Adels. Antike Polstermöbel, schwere Stoffvorhänge und große Kristallleuchter prägen diesen Stil. Farblich ist die Einrichtung eher dunkel gehalten.

Mediterraner Landhausstil

Am Mittelmeer strahlen die Farben besonders schön. Das Gelb der Zitronen und das Leuchten der Orangen bilden einen wundervollen Kontrast zu weißen Vintage-Möbeln. Aber auch das Violett des Lavendels und das Grün der Olivenbaumblätter sind bezeichnend für den Stil.

Französischer Landhausstil

Der französische Stil lässt die Zeiten des Sonnenkönigs wieder aufleben. Doch statt der erdrückenden Opulenz der Zeit von Ludwig XIV. herrscht dank Tolie-de-Jouy Stoffen und zarten Farben eine elegante Leichtigkeit.

Skandinavischer Landhausstil

Der skandinavische Landhausstil besticht durch Natur-
materialien und einer einladenden Gemütlichkeit. Die
Formen sind klar, der Stil kommt ohne Schnörkel und
Ornamente aus. Neben dem bestimmenden Weiß fin-
det man hier auch Beige- und Brauntöne, aber auch
Pastellfarben.

Bäuerlicher Landhausstil

In Deutschland verbindet man mit dem bäuer-
lichen Landhausstil nicht selten massive dunkle
Holzmöbel. Doch in Verbindung mit Shabby
Chic entsteht ein neuer Stil, der den schweren
Möbeln ihre Wucht nimmt und ihnen mit einer
Prise Nostalgie und Romantik zu einer ganz ei-
genen Leichtigkeit verhilft.

White Shabby Chic

Die wichtigste Farbe im Shabby Chic ist das Weiß.
Wer den Stil konsequent lebt, der richtet sich ausschließlich in dieser Farbe ein. Kontraste entstehen
nur über Deko-Objekte und die Gebrauchsspuren an
den Möbeln.

Inspirationen

Textilien

Stoffherzen

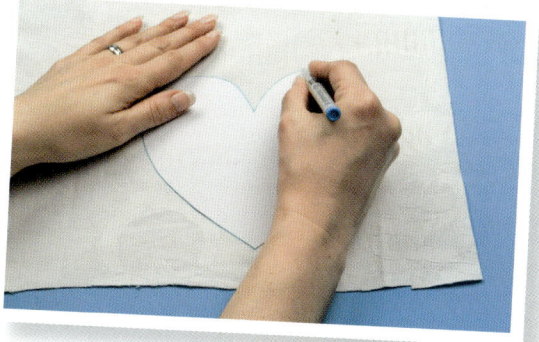

1 Übertragen Sie die Vorlage mit einem Trickmarker auf Ihren Stoff.

2 Drucken Sie sich das gewünschte Motiv per Tintenstrahldrucker auf die Textilfolie (Seite 43). Schneiden Sie das Motiv mit einem kleinen Rand aus und legen Sie es mittig auf das Herz auf.

3 Bügeln Sie das Motiv laut Hersteller-angabe auf Ihrem Stoff auf, lassen es etwas abkühlen und ziehen das Schutzpapier ab.

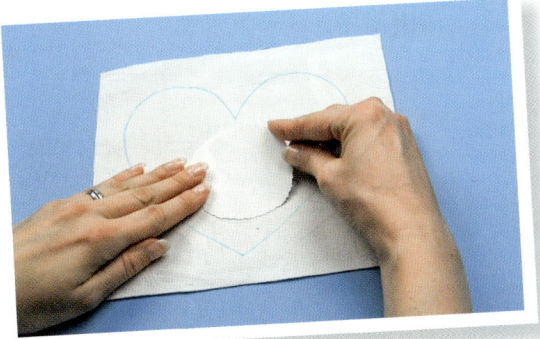

4 Fixieren Sie die beiden Stofflagen links auf links mit Stecknadeln und schneiden das Herz mit ca. 0,5 cm Abstand zu Ihrer Herzmarkierung mit der Zackenschere aus.

5 Nähen Sie das Herz an Ihrer Markie-rungslinie mit Zickzackstichen zu, achten Sie darauf eine Füllöffnung mit-tig oben am Herz offen zu lassen. Stop-fen Sie das Herz mit Füllwatte aus, stecken das Karoband als Aufhängung in Ihre Füllöffnung und fixieren Sie es mit einer Stecknadel. Nähen Sie die Öffnung mit Zickzackstichen zu.

6 Zum Schluss die Zackenlitze und den Knopf oben am Herzen festnähen und die Satinrose auf Ihrem Herzen fest-kleben oder festnähen.

Material

- Weißer Baumwollstoff, 2 x 20 cm x 20 cm pro Herz
- Karoband in Hellblau, ca. 20 cm pro Herz
- Zackenschere
- Zackenlitze in Weiß, ca. 10 cm pro Herz
- Aqua-Trickmarker
- Satinrose in Creme auf Schleife, je 1 pro Herz
- 2 Holz- und 2 Metallknöpfe, ca. Ø 1,5 cm
- Textilfolie für helle Textilien
- Evtl. Textilkleber
- Füllwatte
- Nähmaschine, Nadel und Faden
- Stecknadeln
- Tintenstrahldrucker

Jutekissen

Kissen mit drei roten Streifen

1 Legen Sie etwas Papier in die Kissenhülle, damit die Farbe nicht durch beide Stofflagen durchdringt. Kleben Sie drei Streifen auf dem genähten Kissen mit Malerkreppband ab. Achten Sie darauf, das Kreppband gut auf dem Stoff anzudrücken, damit Ihnen keine Farbe darunter läuft.

2 Nehmen Sie etwas rote Textilfarbe mit einem Schwamm auf und streichen Sie die Farbe auf den Stoff auf. Tupfen Sie eventuell den Schwamm vorher auf einem Küchentuch ab um nicht zu viel Farbe aufzunehmen. Entfernen Sie das Malerkreppband und lassen Sie die Farbe gut trocknen.

3 Tragen Sie braune Textilfarbe mit Hilfe einer Farbwalze auf den Stempel auf und drücken diesen auf den Stoff auf. Lassen Sie die Farbe gut trocknen.

4 Legen Sie die Buchstabenschablone so auf, dass die gewünschten Buchstaben im Stempelmotiv stehen und tupfen Sie die beiden Initialen mit brauner Textilfarbe auf. Entfernen Sie die Schablone und lassen die Farbe gut trocknen. Anschließend laut Herstellerangabe mit dem Bügeleisen die Farben fixieren.

Kissen mit einem roten Streifen

1 Kleben Sie einen breiten Streifen mit etwas Malerkreppband ab und streichen rote Textilfarbe mit einem Schwamm auf. Gut trocknen lassen.

2 Drucken oder zeichnen Sie sich auf einem dickeren Papier die gewünschten Buchstaben auf und schneiden diese mit einem Cutter vorsichtig aus, um eine Schablone zu erhalten.

3 Legen Sie die ausgeschnittene Papierschablone auf die gewünschte Stelle auf und stupfen diese mit etwas brauner Textilfarbe aus. Farbe gut trocknen lassen. Anschließend laut Herstellerangabe die Farben mit einem Bügeleisen fixieren.

Kissen mit schwarzem Kreis

Für das Kissen mit dem Kreis eine Schablone aus Pappe ausschneiden und zunächst den Kreis auf das Kissen mit brauner Textilfarbe auftupfen. Trocknen lassen. Die Wörter mit Hilfe der Buchstabenschablone aufbringen und erneut gut trocknen lassen. Zum Schluss den Stempel mit dem Blättermotiv mit einer Farbwalze auftragen.

Kissen mit Vogelmotiv

1 Stoffe mit Teesud färben (siehe Seite 42) und den Rand mit einer Zackenschere ausschneiden. Befestigen Sie die selbstklebende Schablone mittig auf dem Stück Stoff.

2 Um ein ungleichmäßiges Motiv zu erhalten, stupfen Sie die braune Textilfarbe unregelmäßig mit dem Schwammpinsel auf.

3 Entfernen Sie vorsichtig die Schablone und lassen die Textilfarbe gut trocken, ggf. laut Herstellerangaben fixieren.

4 Stecken Sie den Stoff mittig auf Ihrer Kissenhülle mit Stecknadeln fest und nähen diesen mit braunem Garn fest.

5 Nähen Sie zum Schluss einen Knopf mit einem Stück Bauernkaroband unten an die Applikation.

6 Binden Sie aus Bauernkaroband eine Schleife und nähen diese am unteren Rand der Applikation mit ein paar Stichen fest.

Material

- Weiße Kissenhülle, 40 cm x 40 cm und 50 cm x 50 cm
- Schablonen mit Vogelmotiven
- Schaumstoffpinsel
- Sprühkleber für Schablonen
- Textilfarbe in Braun
- Knöpfe und Bänder zum Verzieren
- Weiße Stoffe für die Applikation, ca. 15 cm x 15 cm und 20 cm x 15 cm)
- Kalter Schwarzteesud
- Zackenschere

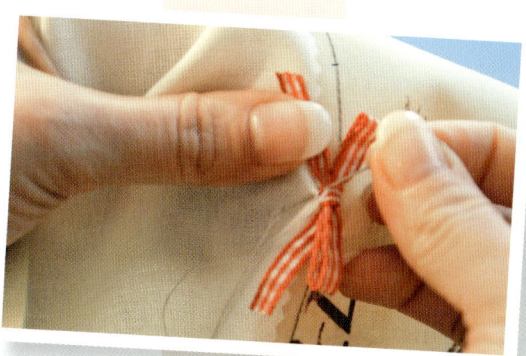

Kissen mit Vintage-Schriftzug

1 Für das beige Kissen färben Sie die Kissenhülle mit Kaffee oder Tee ein (siehe Seite 42). Alternativ können Sie die Kissenhüllen auch mit Färbemittel in der Waschmaschine färben.

2 Damit Ihnen die Farbe nicht durch den Stoff auf die Rückseite des Kissens dringt, legen Sie zunächst zum Schutz ein Stück Papier in die Kissenhülle.

3 Befestigen Sie die selbstklebende Schablone mittig auf dem Kissen und drücken sie gut an.

4 Bringen Sie die Textilfarbe am oberen Rand des Motivs auf.

5 Ziehen Sie die Farbe mit Hilfe des Rakels über das ganze Schablonenmotiv.

6 Entfernen Sie vorsichtig die Schablone und lassen die Textilfarbe gut trocknen. Ggf. laut Herstellerangabe die Farbe fixieren.

Material
- Weiße Kissenhülle, 40 cm x 40 cm
- Schablone „Vintage" inkl. Rakel
- Textilfarbe in Gold

Servietten und Serviettenringe

Beim Nähen der Serviette einfach die Nahtzugabe zweimal nach innen einklappen und rundherum knappkantig festnähen.

1 Übertragen Sie den Buchstaben auf das Vliesofix. Achten Sie darauf, dass die raue Seite des Papiers oben ist, damit Ihr Buchstabe später nicht spiegelvekehrt aufgenäht wird.

2 Bügeln Sie das Vliesofix auf die Rückseite Ihres Stoffes und schneiden ihn anschließend mit einer Schere aus.

3 Ziehen Sie das Schutzpapier ab und legen den ausgeschnittenen Buchstaben unten rechts auf Ihre Serviette. Bügeln Sie den Buchstaben auf der Serviette fest. Und nähen ihn anschließend mit Zickzack- oder Steppstich fest.

4 Falten Sie den Stoff rechts auf rechts der Länge nach einmal zusammen, so dass die beiden Kanten oben zusammenstoßen. Nähen Sie ihn knappkantig zusammen.

5 Wenden Sie den so entstandenen Stoffschlauch um. Versäubern Sie die beiden offenen Kanten per Zickzackstich.

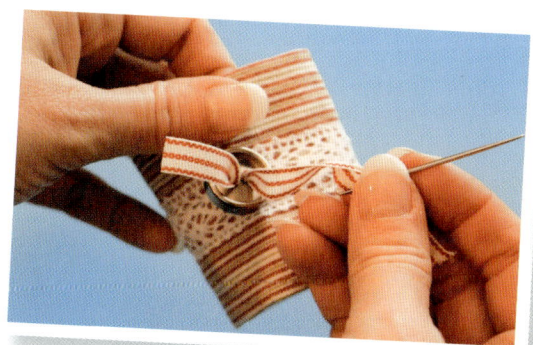

6 Nähen Sie das Webband oder das Spitzenband mittig auf. Falten Sie den Stoff mittig zusammen und nähen ihn knappkantig an der schmalen Seite zusammen. Drehen Sie den Stoffring so um, dass das aufgenähte Band außen ist.

7 Fädeln Sie Kordel oder Band in eine Sticknadel und befestigen damit den Knopf mittig auf dem aufgenähten Band. Zum Schluss verknoten.

Material

- Baumwollstoffe in verschiedenen Farben, ca. 30 cm x 30 cm plus Nahtzugabe
- Stoffreste in verschiedenen Farben, ca. 10 cm x 10 cm
- Vliesofix
- Bügeleisen
- Nähmaschine
- Schere
- Baumwollstoff (pro Serviettenring), ca. 18 cm x 8 cm plus Nahtzugabe
- Metallknopf (pro Serviette), ca. Ø 1,5 cm
- Spitzenband oder Webband, ca. 2 cm breit, 20 cm lang
- Kordel oder Bauernkaroband, ca. 10 cm lang
- Sticknadel

Material

- Dicker Baumwollstoff, je nach Tischgröße
- Textilfarbe in Hellblau und Beige
- Schwamm
- Malerkreppband
- Schablone mit Kreismotiv
- Hellblau-Weiß karierter Baumwollstoff, ca. 35 cm x 35 cm für den großen Kreis; für die kleinen Kreise pro Kreis ca. 10 cm x 10 cm
- Schwammpinsel
- Behälter zum Färben
- Kalter Schwarzteesud
- Zackenschere
- Nähmaschine, Garn, Stecknadeln

Tischdecke

1 Messen Sie Ihren Tisch aus und schneiden Sie den Stoff entsprechend zu. Schlagen Sie zweimal einen ca. 1 cm breiten Saum an allen Seiten nach innen um und nähen diesen knappkantig fest.

2 Kleben Sie einen ca. 10 cm breiten Streifen mit Malerkreppband ab und tragen mit einem Schwamm hellblaue Textilfarbe auf.

3 Schneiden Sie einen großen Kreis aus dem karierten Stoff mit der Zackenschere aus und stecken diesen mittig auf dem Stoff fest. Steppen Sie die Kreise mit der Nähmaschine fest.

4 Nun können Sie das Schablonenmotiv mit Textilfarbe in Beige in die Kreise auftupfen. Farbe gut trocknen lassen und laut Herstellerangabe mit dem Bügeleisen fixieren.

5 Rauen Sie nun an manchen Stellen auf Ihrer Tischdecke den Stoff mit Schleifpapier etwas an.

6 Schneiden Sie sechs kleine Kreise aus dem karierten Stoff aus und tupfen den inneren Teil der Schablone auf. Farbe trocknen lassen und laut Herstellerangabe mit dem Bügeleisen fixieren. Franzen Sie die Kanten mit Schleifpapier etwas aus. Verteilen Sie die Kreise in der unteren Hälfte der Decke und steppen Sie sie mit der Nähmaschine auf.

7 Nun können Sie Ihrer Tischdecke zusätzlich antiken Charme geben, indem Sie sie in einem Sud aus kaltem schwarzem Tee färben. Etwas einweichen lassen, zum Trocknen aufhängen und zum Schluss bügeln.

Windlichthüllen

Hülle aus gestreiftem Stoff

1 Nähen Sie zunächst einen ca. 12 cm breites Stück weißen Baumwollstoff an den gestreiften Stoff oben an.

2 Klappen Sie rechts und links die Nahtzugabe ein und nähen diese knappkantig mit einem Steppstich fest.

3 Falten Sie nun den weißen Baumwollstoff zunächst ca. 1 cm nach innen um und anschließend schlagen Sie ihn nach unten ein und stecken ihn mit Stecknadeln fest.

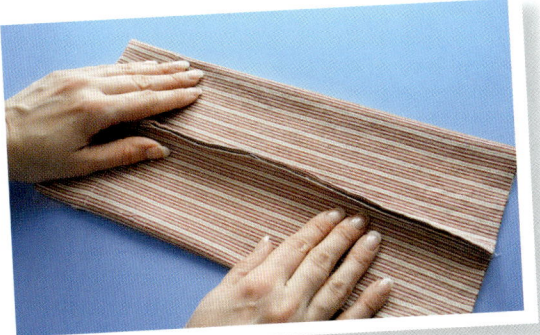

4 Nähen Sie die den unteren Rand knappkantig fest.

5 Nähen Sie die Applikation mit einem Zickzackstich fest. Nun die Längsseite nach innen einklappen, so dass beide Außenkanten aneinanderstoßen. Mit einem Steppstich festnähen.

6 Legen Sie nun den Stoff so hin, dass die Naht mittig liegt.

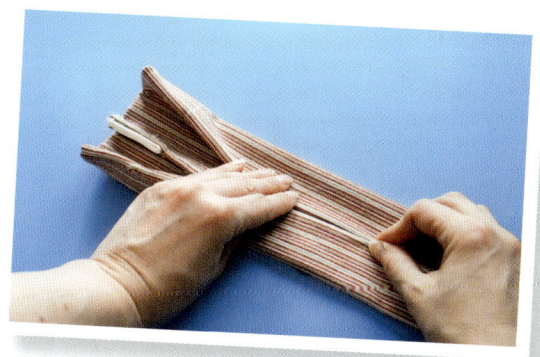

7 Nun klappen Sie die beiden Seiten nach innen bis zur Naht ein und fixieren die untere Kante mit Stecknadeln.

8 Nähen Sie nun den unteren Rand mit einem Steppstich fest. Stülpen Sie nun die Hülle um und stellen ein Windlichtglas hinein.

Hülle aus weißem Stoff

1 Nehmen Sie den weißen Baumwollstoff (38 cm x 20 cm) und klappen Sie den oberen Rand ca. 3 cm nach unten ein.

2 Nähen Sie das Karoband mit den Minipompons so fest, dass die Kante des Umschlags abgedeckt ist.

3 Weiter wie bei der gestreiften Hülle verfahren.

Material

- Rot-Weiß gestreifter Stoff, 34 cm x 20 cm
- Weißer Baumwollstoff, 34 cm x 12 cm
- Weißer Baumwollstoff, 38 cm x 20 cm
- Applikation mit Vintagemotiv, 6 cm x 8 cm
- Holzknopf, Ø 2,5 cm
- Rot-Weiße Kordel, ca. 20 cm lang
- Bügelvlies
- Blau-Weißes Karoband mit Minipompons, 16 cm
- Windlichtgläser, 20 cm x 12 cm und 16 cm x 15 cm
- Kleeblatt aus Metall, ca. 4 cm x 4 cm
- Nähmaschine

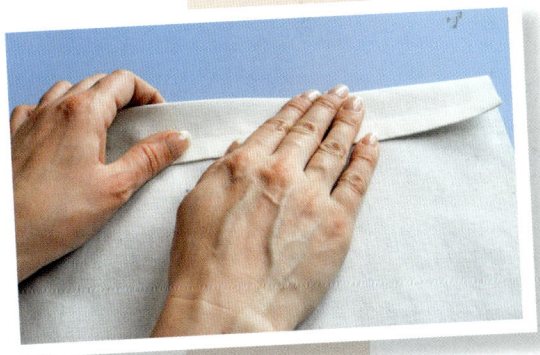

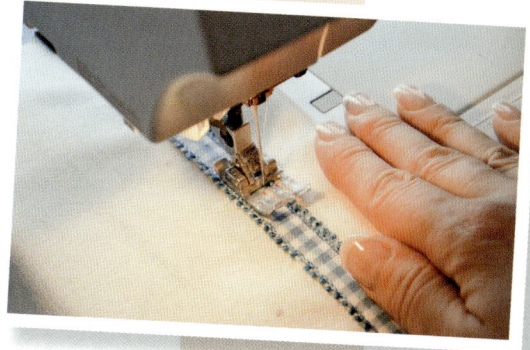

Tischsets

Material

- Tischsets in Weiß, ca. 30 cm x 40 cm
- Textilfolie für helle Textilien
- Tintenstrahldrucker
- Schere

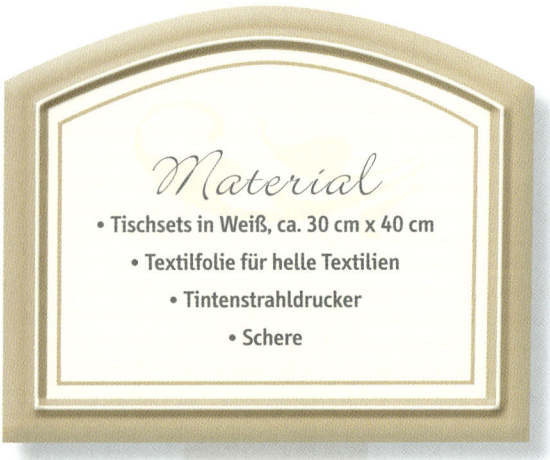

1 Drucken Sie das Rosenmotiv mit einem Tintenstrahldrucker auf die Textilfolie und schneiden es mit einem kleinen Rand um das Motiv aus.

2 Legen Sie das Motiv auf das Tischset mit der bedruckten Seite nach unten und bügeln dieses laut Herstellerangabe auf. Lassen Sie das Motiv auskühlen.

3 Ziehen Sie die Schutzfolie vom Motiv ab.

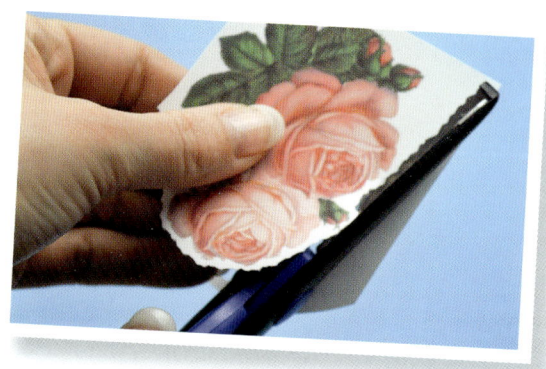

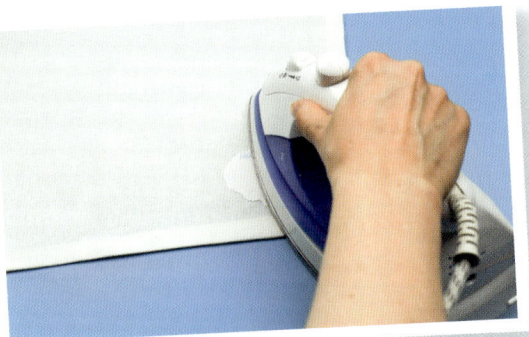

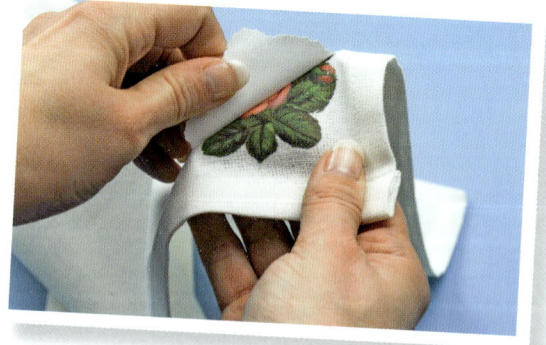

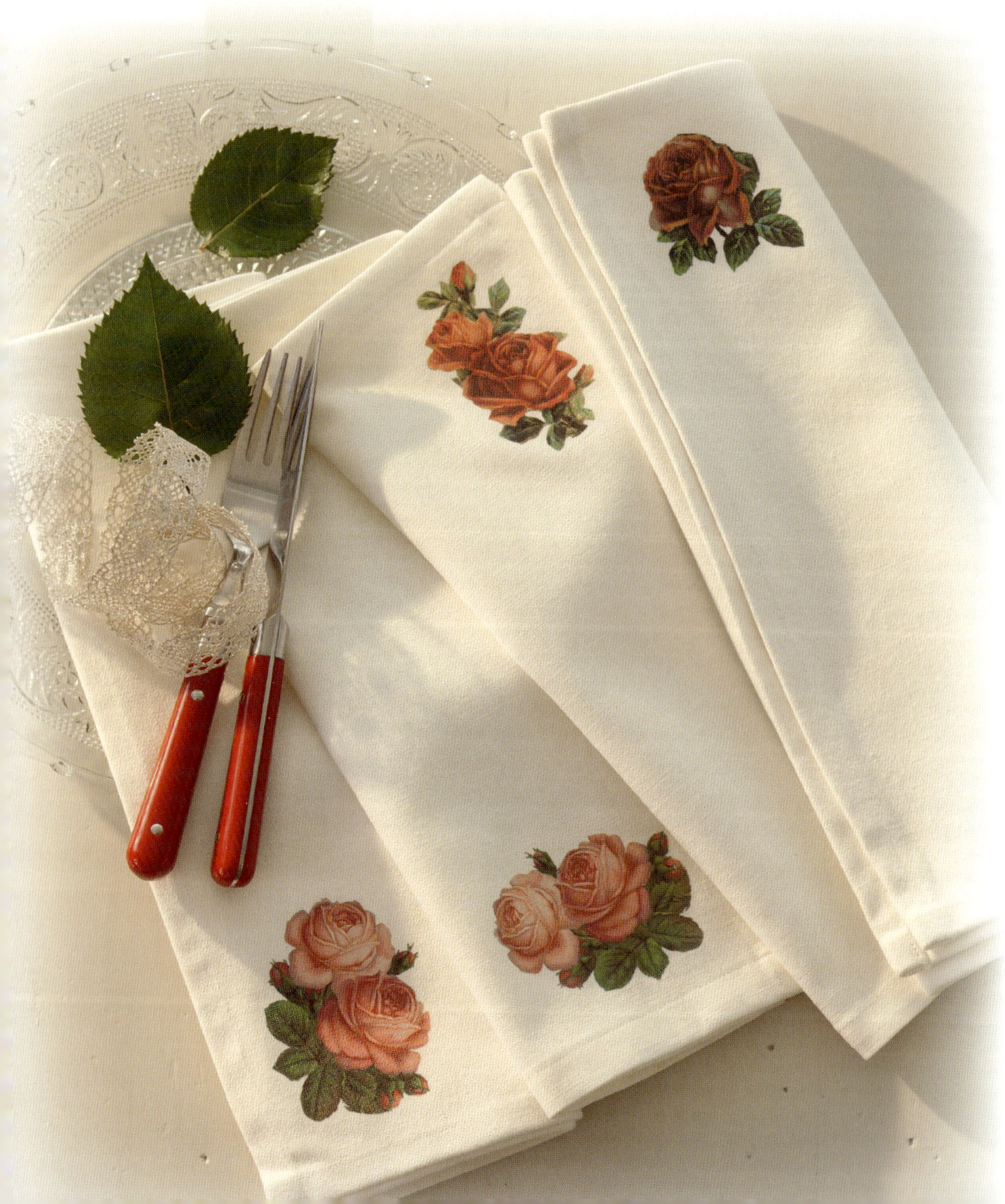

Tischläufer

1 Sprühen Sie die Schablone mit et-was Sprühkleber ein und lassen Sie diesen etwas auslüften.

2 Befestigen Sie die Schablone an ge-wünschter Stelle auf dem Stoff und tupfen Sie das Motiv mit einem Schwammpinsel aus.

3 Entfernen Sie die Schablone und lassen Sie die Textilfarbe gut trock-nen. Anschließend laut Hersteleran-gabe die Farbe fixieren.

Material

- Tischläufer aus Baumwolle in Weiß, Maße: 45 cm x 30 cm
- Textilfarbe in Rosa und Hellgrün
- Schablone mit Rosenmotiv
- Schaumstoffpinsel
- Sprühkleber für Schablonen

Wohnen und Einrichten im Shabby Chic

Mit Naturmaterialien, z. B. Lärchenzweigen, lassen sich einfach, aber effektvolle Dekorationen herstellen, die hervorragend mit dem Shabby Chic-Stil harmonieren.

Aus alten Lebensmittelsäcken werden gemütliche Kissen für die Küchenbank.

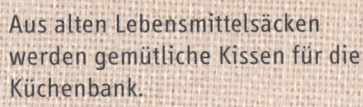
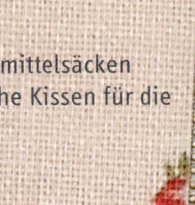

Treppen, Böden, Wände und Möbel werden im Shabby Chic gerne ganz weiß gehalten. Persönliche Gegenstände verhindern, dass Ihr Zuhause steril wirkt.

Indirekte Beleuchtung schafft nicht nur im Schlafzimmer eine gemütliche Atmosphäre.

Inspirationen

Papier

Material

- **Tonkarton in Creme**
- **Bürolocher**
- **Stempelfarbe in Braun**
- **Kalligraphiestift in Schwarz**
- **Schere**
- **Poesiebild Rose**
- **Klebstoff**
- **Doppelseitiges Klebeband**
- **Braunes Packpapier, Rosa Geschenk-papier mit Punkten**
- **Geschenkpapierstreifen mit Rosen-muster, 4 cm breit**
- **Kordel und Braunes Geschenkband**

Geschenkverpackungen und Geschenkanhänger

1 Schneiden Sie den Anhänger in der gewünschten Größe aus Tonkarton aus und stanzen mit einem Locher oben rechts ein Loch aus. Tupfen Sie braune Stempelfarbe unregelmäßig am äußeren Rand des Anhängers auf.

2 Beschriften Sie den Anhänger mit Hilfe eines Kalligraphiestiftes.

3 Kleben Sie eine kleine Rose auf den Anhänger auf.

4 Schneiden Sie ca. 4 cm breite Streifen aus Geschenkpapier aus. Befestigen Sie am Anfang und am Ende des Streifens doppelseitiges Klebeband.

5 Fixieren Sie die Papierstreifen über Kreuz auf dem Geschenkpaket.

6 Fädeln Sie den Geschenkanhänger auf die Kordel auf und schließen diese mit einer Schleife.

Beim rosa verpackten Geschenk das Poesiebildchen aufkleben und den Anhänger auf das Schleifenband fädeln und mit einer Schleife schließen.

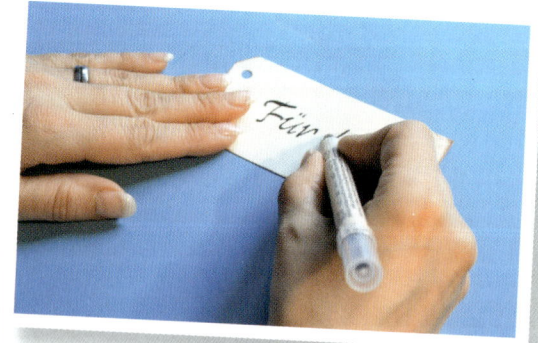

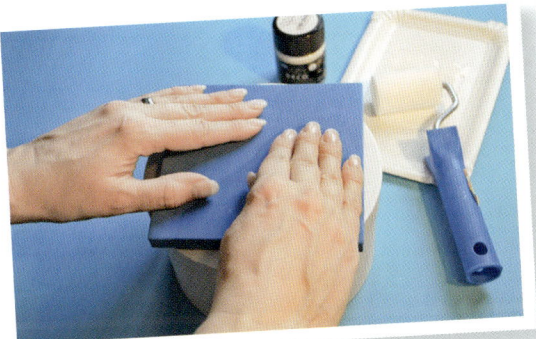

Große Schachtel

1 Tragen Sie dünn und gleichmäßig die Anlegemilch auf dem Stempel mit einer Schaumstoffrolle auf.

2 Drücken Sie den Stempel anschließend mittig auf den Deckel der Pappschachtel und lassen die Anlegemilch laut Herstellerangabe trocknen.

3 Legen Sie anschließend das Blattgold über die getrocknete Anlegemilch und drücken es mit einem weichen Pinsel an.

4 Entfernen Sie loses Blattgold mit einem Pinsel.

5 Malen Sie mit dem Anlegemilch-Stift auf dem Korpus der Dose Streifen auf und lassen die Anlegemilch laut Herstellerangabe trocknen. Anschließend bringen Sie auch hier Blattgold auf und entfernen loses Blattgold mit einem Pinsel. Betupfen Sie die Ränder und Kanten mit brauner Stempelfarbe.

6 Legen Sie die Papierblüten an die gewünschte Stelle und bohren mit Hilfe einer spitzen Nadel oder einer Schere ein Loch in den Deckel der Schachtel. Befestigen Sie die Blüten mit den Rundklammern.

7 Kleben Sie das Karoband rund um den Deckelrand fest.

Material

- Weiße Pappmaché-Schachteln, ø 16,5 cm x 9,5 cm und ø 14 cm x 6,5 cm
- Anlegemilch in Stiftform
- Anlegemilch
- Blattgold
- Bauernkaroband in Braun, 1 cm breit, 53 cm lang
- Stempel Vogelmotiv
- Schablone Rosenmotiv
- Schwammpinsel
- Borstenpinsel
- Weicher Pinsel
- Klebstoff
- Stempelfarbe in Braun
- Papierblüten in Braun und Orange, Ø 3 cm
- Schaumstoffrolle
- Rundklammern in Braun und Grün, Ø 0,4 mm
- Spitze Nadel oder Schere

Kleine Schachtel

1 Das Schablonenmotiv auf die Schachtel legen und die Anlegemilch mit einem Schaumstoffpinsel auftupfen. Laut Herstellerangabe trocknen lassen. Legen Sie das Blattgold auf das Motiv und drücken es mit einem weichen Pinsel fest. Anschließend loses Blattgold mit einem Borstenpinsel entfernen.

2 Betupfen Sie die Ränder mit brauner Stempelfarbe.

3 Tupfen Sie mit Anlegemilch Punkte mit Hilfe des Schwammpinsels auf den Korpus der Schachtel. Laut Herstellerangaben trocknen lassen. Blattgold auflegen und mit einem Borstenpinsel loses Blattgold abrubbeln. Zum Schluss aus Karoband eine Schleife binden und diese an den Rand des Deckels mit etwas Klebstoff befestigen.

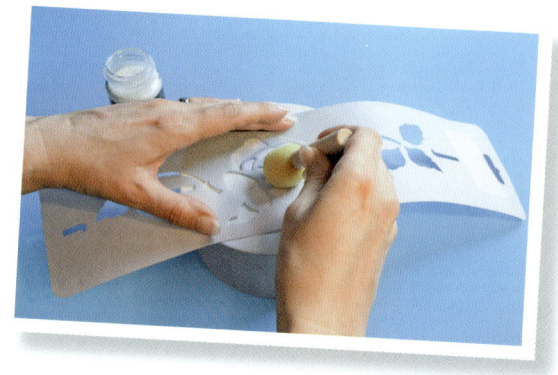

Runde Pappschachteln

Material

- Schwamm-Stupfpinsel
- weicher Flachpinsel, Größe 30
- Découpagekleber und Découpagelack, seidenmatt
- Schere und eventuell Découpageschere
- Schleifpapier, Körnung 120
- Küchentücher
- Bleistift
- Klebstoff

zusätzlich für rosa Schachtel

- Pappschachtel, ø 24 cm, 13 cm hoch
- Acrylfarbe in Rosa Chiffon und Englisch Rosa
- Geschenkpapier in Rosa mit Punkten, ca. 74 cm x 17 cm und 25 cm x 25 cm
- Découpagepapier mit Rosen
- Karoband in Rosa-Weiß, 5 mm breit, ca. 1 m lang
- Satinrose in Creme

zusätzlich für blaue Schachtel

- Pappschachtel, ø 19 cm, 10 cm hoch
- Acrylfarbe in Babyblau
- Geschenkpapier in Blau mit Kreisen, ca. 62 cm x 14 cm und 20 cm x 20 cm
- Karoband in Blau-Weiß, 1 cm breit, ca. 30 cm lang

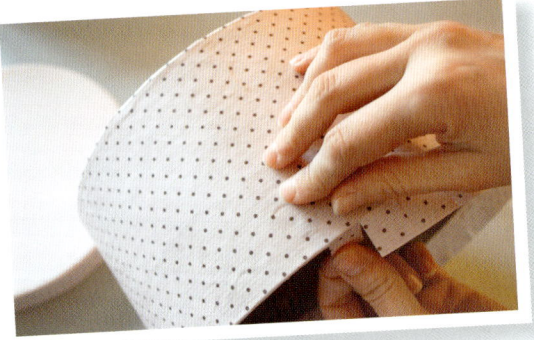

Blaue Schachtel

Die blaue Schachtel wird wie bei der rosa Schachtel beschrieben angefertigt. Anstelle der Découpage-Rosen wird jedoch ein Herz aus Geschenkpapier auf dem Deckel angebracht. Das Karoband einfach zur Schleife binden und mittig auf den Schachtelkorpus kleben.

Rosa Schachtel

1 Tragen Sie zunächst zwei Schichten Acrylfarbe in Rosa Chiffon mit dem Stupfpinsel auf den Deckel auf und lassen Sie die Farbe gut trocknen. Messen Sie dann die Höhe (ohne Deckel) und den Umfang der Schachtel aus.
Addieren Sie zur Höhe insgesamt 4 cm, zum Umfang ca. 1 cm und schneiden Sie das Geschenkpapier entsprechend zu. Bei der angegebenen Schachtel ist der Zuschnitt 74 cm x 17 cm groß.

2 Bestreichen Sie das Papier auf der Rückseite satt mit Découpagekleber und legen Sie es so auf die Schachtel, dass oben und unten jeweils 2 cm überstehen. Kleben Sie nun das Papier Stück für Stück rund um die Schachtel. Streichen Sie dabei mit einem Küchentuch Falten und überschüssigen Klebstoff aus.

3 Nun den unten und oben überstehenden Rand im Abstand von ca. 1,5 cm einschneiden. Dann die einzelnen Abschnitte umklappen und auf dem Boden bzw. auf der Innenseite der Schachtel befestigen.

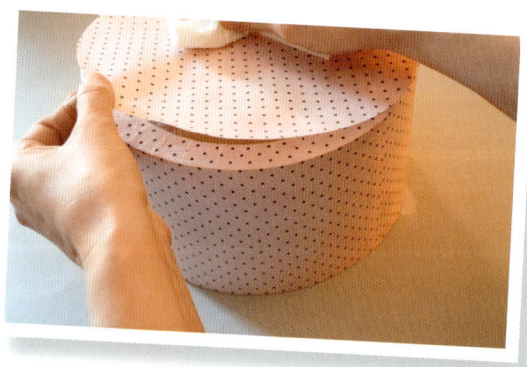

4 Übertragen Sie nun den Boden auf das Geschenkpapier und schneiden Sie den Kreis aus. Kleistern Sie ihn auf der Rückseite satt mit Découpagekleber ein und kleben Sie ihn auf den Boden der Schachtel. Anschließend alles gut trocknen lassen.

5 Bringen Sie nun eine Découpage-Rose wie auf Seite 46/47 beschrieben mittig auf dem Deckel an. Dann setzen Sie mithilfe eines Pinselstieles die kleinen Punkte in Englisch Rosa auf. Trocken lassen.

6 Schleifen Sie nun einige Stellen an den Rändern leicht an und lackieren Sie dann die komplette Schachtel mit dem Découpagelack. Sobald dieser getrocknet ist, können Sie das rosa Karoband um den Deckel schlingen, verknoten und mit dem Satinröschen verzieren.

Kleine Dosen

Material

- 3 Pappmaché-Dosen mit Ornamentmuster
- Acrylfarbe in Weiß, Hellblau, Hellgrün
- Flachpinsel
- Anlegemilch in Stiftform
- Blattsilber
- Schwamm
- Patina-Medium in Gold
- Zackenlitze in Weiß und Grün
- Kleine Satinrosen auf Schleifen in Creme
- Klebstoff

1 Grundieren Sie die Schachteln in der jeweiligen Grundfarbe (Weiß, Blau oder Grün) und lassen Sie die Farbe gut trocknen.

2 Malen Sie das Ornamentmuster der Schachtel mit dem Anlegemilchstift nach und lassen die Anlegemilch laut Herstellerangabe trocknen. Legen Sie das Blattsilber auf und drücken dieses mit einem Pinsel leicht an. Anschließend das lose Blattsilber mit einem Pinsel herunter reiben.

3 Tragen Sie mit einem Schwamm etwas Patina-Medium auf und verreiben dieses auf der ganzen Schachtel. Gut trocknen lassen. Zuviel Patina können Sie auch mit einem Küchentuch abwischen.

4 Befestigen Sie am Deckel die Zackenlitze mit etwas Klebstoff.

5 Zum Schluss die Satinrose mit etwas Klebstoff auf der Zackenlitze befestigen.

Briefpapier und Karte

Material

- Kopierpapier
- Kalter Kaffee oder Schwarzen Tee
- Poesiebild Herz
- Stempelfarbe in Braun
- Klebstoff oder Collagekleber
- Klappkarte in DIN A5, Farbe Elfenbein
- Poesiebild Rosen
- Papierrest in Weiß
- Klebstoff
- Spitzenband in Altrosa
- Papierknopf, Ø 1,5 cm
- Bauernkaroband in Rosa, 0,5 cm breit, 20 cm lang
- Sticknadel
- 4 Stück 3D-Klebepunkte
- Stempelfarbe in Braun

1 Färben Sie das Papier für das Brief-papier und die Karte laut Grund-anleitung mit Kaffee oder Tee ein (sie-he Seite 41) und lassen Sie es gut trocknen. Färben Sie die Ränder mit einem Stempel dunkel und unregel-mäßig ein.

2 Schneiden Sie aus ungefärbtem Papier ein Quadrat von 9 cm x 9 cm aus und färben Sie die Ränder un-regelmäßig mit brauner Stempelfarbe ein.

3 Kleben Sie auf das Quadrat das Poe-siebild auf.

4 Befestigen Sie auf der Rückseite des Quadrates jeweils an den Ecken einen Klebepunkt.

5 Kleben Sie das Quadrat unten rechts auf die Karte auf.

6 Kleben Sie mit Hilfe von Klebstoff das Spitzenband auf der Karte auf.

7 Fädeln Sie das Karoband in die Sticknadel ein und stechen Sie erst durch das rechte Knopfloch in die Kar-te und zurück durch das linke Knopf-loch. Eine Schleife binden.

Rosenpapier und Lesezeichen

Material

- Kopierpapier
- Kalter Kaffee oder schwarzer Tee
- Poesiebilder Rosen
- Stempelfarbe in Braun
- Klebstoff oder Collagekleber
- Blau-weiß kariertes Schleifenband, 1 cm breit, ca. 15 cm lang
- Locher oder Lochzange

1 Färben Sie das Papier laut Grundanleitung mit Kaffee oder Tee ein (siehe Seite 41).

2 Knäulen Sie das Papier nun zusammen und falten Sie es vorsichtig wieder auseinander.

3 Wenn Sie unregelmäßige Ränder haben möchten, sollten Sie das Papier vorsichtig reißen, solange es noch feucht ist. Dazu einen kleinen Riss an der oberen Kante einreißen und dann vorsichtig das Papier zur Seite hin wegziehen.

4 Legen Sie das Papier zum Trocknen auf ein Küchentuch oder ein Handtuch.

5 Färben Sie die Ränder mit einem Stempel dunkel und unregelmäßig ein. Nun können Sie die Poesiebilder an die gewünschten Stellen aufkleben.

6 In das auf Wunschgröße geschnittene Lesezeichen wird oben mittig ein Loch gestanzt, durch das die beiden Enden des Schleifenbandes gefädelt werden, so dass eine Schlaufe entsteht. Durch die Schlaufe nun die beiden Enden durchstecken und vorsichtig festziehen.

7 Auf den Knoten wird zum Schluss eine kleine Rose aufgeklebt.

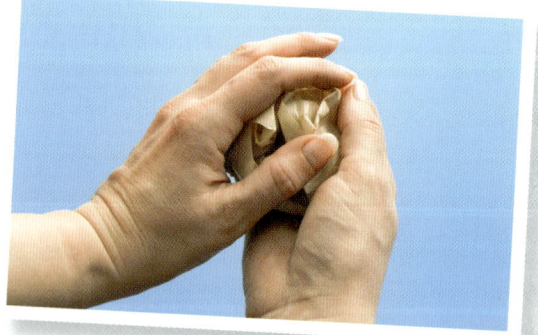

Material

- Album in Weiß mit Fotoausschnitt, 30,5 cm x 30,5 cm
- Geschenkpapier mit Vogelmotiven
- Samtband in Weinrot
- Stoffrose in Rosa
- Tonpapier in Elfenbein, ca. 9 cm x 9 cm
- Kalligraphiestift in Schwarz oder schwarzen Filzstift
- Klebstoff
- Collagekleber
- Stempelkissen in Bronze
- Epoxy-Sticker, 3 cm x 3 cm
- Schere, Lineal

Fotoalbum

1 Schneiden Sie zunächst fünf ca. 4 cm breite und 32 cm lange Streifen aus dem Geschenkpapier aus. Streichen Sie diese auf der Rückseite satt mit Collagekleber ein und kleben die Streifen anschließend in ca. 1,5 cm Abständen zueinander auf das Album.

2 Schneiden Sie aus Tonpapier ein entsprechend großes Quadrat für den Fotoausschnitt aus und beschriften dieses mit dem Schriftzug Photos mit dem Kalligraphiestift. Die Ränder mit dem Stempelkissen in braun bearbeiten.

3 Kleben Sie das Quadrat in den Fotoausschnitt ein.

4 Bearbeiten Sie die Kanten und Ecken ebenfalls mit dem braunen Stempelkissen.

5 Kleben Sie den Sticker in den Fotoausschnitt.

6 Kleben Sie oben quer über die Kante das Samtband und obenauf eine Stoffrose.

Photos

Dekorieren im Shabby Chic

Schon fast verblühte Blumen, vor allem Rosen in zartem Rosa oder Weiß, passen ausgezeichnet zum Shabby Chic.

Alte Briefe und Postkarten findet man auf Flohmärkten. Eingerahmt an der Wand bekommen diese Zeugnisse der Vergangenheit neues Leben eingehaucht.

Wer sich im Shabby Chic einrich-
tet, muss auf die technischen Er-
rungenschaften unserer Zeit nicht
verzichten. Elektronische Geräte,
wie Radio und Kühlschrank, gibt
es auch im Retro-Look zu kaufen.

Besondere Einzelstücke, die
man auf dem Flohmarkt oder
im Antiquitätengeschäft gefun-
den hat, verdienen einen Eh-
renplatz und sollten stets stil-
voll in Szene gesetzt werden.

Inspirationen Metall,

Porzellan und Co.

Rostiges Metallschild

1 Grundieren Sie zuerst das Schild mit dem Stupfpinsel deckend in Türkis und lassen Sie die Farbe gut trocknen. Nun am Rand eine Schicht Eisengrundierung aufbringen und gut trocknen lassen. Anschließend eine zweite Schicht auftragen und zwölf Stunden trocknen lassen.

2 Nun wird das Oxidationsmittel aufgetragen. Lassen Sie dieses mindestens zwei Stunden trocknen und wiederholen Sie dann die Anwendung so oft, bis der gewünschte Effekt erzielt ist.

3 Bemalen Sie nun das Décopatch®- Motiv auf der Rückseite mit weißer Acrylfarbe und bringen Sie es wie auf Seite 46 beschrieben auf.

4 Den Schriftzug mit dem Grafitpapier auf das Blechschild übertragen und mit dem dünnen Rundpinsel und weißer Acrylfarbe aufmalen. Sobald die Farbe getrocknet ist, überziehen Sie das gesamte Schild zum Schutz mit Klarlack.

Dekorative Weidenkörbe

Körbe mit Henkeln

1 Fertigen Sie zunächst eine Schablone an. Dazu die Vorlage mittig auf das Papier übertragen und das Oval mit einem Cutter ausschneiden. Beim braunen Korb das Papier, beim weißen Korb das Oval aufkleben. Nehmen Sie hierzu das Malerkreppband zu Hilfe und formen Sie Klebebandröllchen, die Sie zur Befestigung auf der Rückseite aufbringen.

2 Besprühen Sie nun die Körbe mit Sprühlack aus ca. 25 cm Entfernung: beim braunen Korb nur das Oval, beim weißen Korb den gesamten Bereich um das Oval herum. Anschließend die Schablone entfernen.

3 Nachdem der Lack getrocknet ist, schreiben Sie mit dem Rundpinsel die Zahl 1912 mit Acryllack in Weiß bzw. Braun in das Oval. Gut trocknen lassen und zum Schluss das Karoband mit einer Schleife anbringen.

Langer Korb

Sprühen Sie den Blumenhängekorb aus ca. 25 cm Entfernung gleichmäßig mit dem Sprühlack an. Um den typischen Shabby Chic-Charakter zu erhalten, sprühen Sie den Korb dabei nicht zu deckend an. Lassen Sie die dunkle Farbe des Korbes etwas durchschimmern.

Hinweise

Achten Sie darauf, den weißen Korb nicht zu deckend zu besprühen, damit er den typischen Shabby Chic-Look bekommt.

Decken Sie Ihren Arbeitsbereich großräumig ab, damit dieser nicht durch den Sprühnebel verschmutzt wird. Sorgen Sie außerdem für ausreichende Frischluftzufuhr. Am besten Arbeiten Sie im Freien.

Material
je Korb mit Henkel

- runder Weidenkorb mit Henkeln
- Sprühlack in Weiß
- Acryllack in Dunkelbraun bzw. Weiß
- Rundpinsel, Größe 8
- Schreibpapier
- Malerkreppband
- Cutter
- Karoband in Rot-Weiß, 1 cm breit, ca. 0,5–1 m lang

Langer Korb

- länglicher Weidenkorb zum Hängen
- Sprühlack in Weiß

Tischchen und Krüge

Tischchen

1 Schleifen Sie das komplette Möbelstück gründlich an und entfernen Sie den Schleifstaub mit einem Besen aus allen Poren. Kleben Sie dann zum Schutz die Unterseite der Platte mit Malerkreppband ab, damit keine Patina an diese Stelle kommt.

2 Bestreichen Sie nun alle Teile außer der Tischplatte mit Patina-Medium. Arbeiten Sie hierbei Stück für Stück und wischen Sie das aufgetragene Medium sofort mit einem weichen Tuch wieder ab.

3 Nachdem die Patina gut durchgetrocknet ist, werden die Tischplatte und der Schubladenknopf mit Lacklasur in Weiß gestrichen. Zum Schutz auch hier wieder mit Malerkreppband die angrenzenden patinierten Stellen schützen. Trocknen lassen.

4 Mit Schleifpapier die Kanten etwas anschleifen, dann das komplette Möbelstück zum Schutz mit Antikwachs gleichmäßig einstreichen und das Wachs über Nacht trocknen lassen.

Krüge

1 Damit die Keramikfarbe und das Serviettenmotiv gut auf den Krügen halten, müssen diese zunächst gründlich mit einem mit Spiritus getränkten Tuch abgewischt werden.

2 Schneiden Sie die Serviettenmotive aus und streichen Sie die gewünschte Stelle der Krüge dünn mit dem Porzellan-Serviettenkleber ein. Positionieren Sie die oberste bedruckte Serviettenlage der Motive darauf und überstreichen Sie diese vollständig mit dem Serviettenkleber. Dies geht am besten, wenn Sie von der Mitte nach außen streichen. Trocknen lassen.

3 Verzieren Sie nun die Krüge. Stupfen Sie dazu beim großen Krug mit dem Pinselstiel rosa Punkte auf. Beim kleinen Krug malen Sie die obere Kante mit Violett nach. Lassen Sie alles ein paar Stunden trocknen.

4 Um die Keramikfarbe und das Serviettenmotiv zu fixieren, müssen diese im Backofen laut Herstellerangaben eingebrannt werden. Zum Schluss binden Sie das Karoband um die Krüge zur Schleife.

Material

Tischchen

- kleiner Beistelltisch, ca. 55 cm breit und 72 cm hoch
- Lacklasur für Holz in Weiß
- Patina-Medium in Walnuss
- Antikwachs
- weicher Flachpinsel, Größe 40
- weiches Tuch
- Schleifpapier, Körnung 120, oder Winkelschleifer
- Malerkreppband

Krüge

- 2 Porzellankrüge, 13 cm und 16 cm hoch
- Keramikfarbe in Rosa und rötlich Violett
- Serviettenkleber für Porzellan
- weicher Pinsel, Größe 14
- Spiritus
- Küchentuch
- 2 Serviettenmotive: Blüte und Lavendelherz
- Karoband in Blau-Weiß und Rosa-Weiß, 1,4 cm breit, je ca. 80 cm lang

Schalen mit Rosenmotiven

Material

- Weiße Porzellanschalen
- Serviettenmotiv Rosen
- Textilfarbe in Braun
- Rundpinsel
- Flachpinsel
- Serviettenkleber für Porzellan
- Brennspiritus
- Schere

1 Schneiden Sie das Rosenmotiv aus.

2 Ziehen Sie die obere bedruckte Lage des Motivs ab.

3 Bestreichen Sie die Stelle auf der Porzellanschale, auf der Sie die Serviettenrose platzieren möchten, dünn mit dem Serviettenkleber.

4 Positionieren Sie die Rose darauf.

5 Bestreichen Sie diese vollständig mit Serviettenkleber. Am besten arbeiten Sie von der Mitte des Motivs nach außen. Gut trocknen lassen.

6 Tragen Sie ungleichmäßig etwas braune Porzellanfarbe am Schalenrand auf und verwischen Sie diese etwas. Gut trocknen lassen und laut Herstellerangabe das Serviettenmotiv und die Porzellanfarbe im Backofen einbrennen.

Rosenschälchen

1 Reinigen Sie zunächst die Schale mit Brennspiritus.

2 Malen Sie mit einem Rundpinsel den oberen Rand der Schale ungleichmäßig und dünn mit brauner Farbe an.

3 Malen Sie auch innen die Schale am Boden mit etwas brauner Farbe an. Lassen Sie die Porzellanfarbe gut trocknen.

4 Befestigen Sie die Schablone mit etwas Kreppband an der Schale und malen das Motiv mit Porzellanmalstiften aus. Entfernen Sie die Schablone und lassen Sie die Farbe gut trocknen.

5 Brennen Sie die Farben laut Herstellerangabe im Backofen ein.

Tipp

Kleine Fehler oder verlaufene Farbe entfernen Sie am einfachsten mit einem in Brennspiritus getränkten Wattestäbchen.

Material

- Porzellanschalen in Weiß oder Creme
- Porcellainpainter in Rosa und Hellgrün
- Porzellanfarbe in Braun
- Malerkreppband
- Schablone mit Rosenmotiv
- Rundpinsel
- Brennspiritus
- Küchentuch

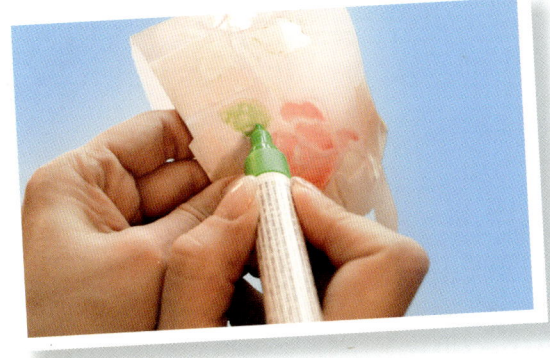

Terrakotta-Töpfe

1 Grundieren Sie den Blumentopf mit brauner Acrylfarbe. Lassen Sie die Farbe gut trocknen.

2 Schleifen Sie anschließend den Topf mit Schleifpapier wieder etwas an.

3 Tragen Sie am oberen Rand des Blumentopfes satt Klebstoff auf und verteilen diesen mit einem Pinsel ungleichmäßig.

4 Streuen Sie Vogelsand auf den Klebstoff und lassen Sie alles gut trocknen.

5 Mischen Sie etwas braune und weiße Acrylfarbe miteinander und verdünnen Sie diese mit etwas Wasser. Tragen Sie die verdünnte Farbe nun auf dem Blumentopf auf. Gut durchtrocknen lassen.

6 Zum Schluss nehmen Sie mit einem Schwamm etwas braune Acrylfarbe auf und tupfen diese unregelmäßig auf den Blumentopf auf. Am oberen Rand etwas weiße Acrylfarbe mit dem Schwamm unregelmäßig auftupfen. Gut trocknen lassen.

Bauernglas-Windlichter

1 Sprühen Sie die Vase innen mit Blattmetall Effect Spray aus. Damit es keine Farbnasen gibt, sprühen Sie am besten in kurzen Abständen. Lassen Sie die Farbe gut trocknen.

2 Tragen Sie mit dem Schwammpinsel die Anlegemilch dünn auf die Außenseite der Vase auf. Je ungleichmäßiger der Auftrag, umso realistischer wird das Ergebnis. Lassen Sie die Anlegemilch laut Herstellerangabe trocknen.

3 Legen Sie ein paar Blattmetall-Flocken auf die Außenseite der Vase und drücken diese mit dem Borstenpinsel an. Bearbeiten Sie auf diese Weise die ganze Außenseite der Vase.

4 Rubbeln Sie nun mit dem Borstenpinsel oder einer Nagelbürste kräftig über die Außenseite der Vase und entfernen Sie somit Reste des Blattmetalls.

5 Tupfen Sie etwas Metallic-Patina mit dem Küchentuch auf die Außenseite der Vase. Anschließend entfernen Sie überschüssige Patina durch Abreiben mit einem Küchentuch. Arbeiten Sie hier zügig bzw. bei größeren Flächen in Teilabschnitten. Auf den Teelichthalter aus Metall ebenfalls etwas Metallic-Patina auftupten. Lassen Sie die Patina gut trocknen.

Material

- Glasvase mit Teelichthalter, 12 cm x 12 cm x 21,5 cm und 14,5 cm x 14,5 cm x 13 cm
- Glas, 4 cm x 4 cm x 10 cm
- Blattmetall Effect Spray in Gold
- Blattmetall-Flocken in Silber
- Blattmetall-Anlegemilch
- Metallic-Patina in Gold
- Schwammpinsel
- Borstenpinsel, evtl. Nagelbürste
- Küchentuch
- Rot-Weiß kariertes Band, 35 cm lang
- Glasherz-Anhänger in Blau

Schale mit Kerze

Material

- Holzschale, Ø 30 cm
- Glaswindlicht, Ø 10 cm
- Weidenkranz, Ø 17 cm
- Blockkerze in Weiß oder Creme
- Acrylfarbe in Weiß
- Patina-Medium in Gold
- Collagekleber
- Flachpinsel
- Schwamm
- 4 Poesiebilder Rosen
- Textil-Efeublätterranke oder echten Efeu
- Schleifpapier (120er Körnung)

1 Grundieren Sie die Schale in Weiß und lassen die Farbe gut trocknen. Kleben Sie die Rosenmotive am Innenrand der Schale fest. Gut trocknen lassen.

2 Wenn die Motive gut durchgetrocknet sind, schleifen Sie diese mit Schleifpapier etwas an.

3 Tragen Sie anschließend die Patina am Rand mit einem feuchten Schwamm auf und verteilen diese. Zuviel Patina mit einem feuchten Tuch wegwischen. Gut trocknen lassen.

4 Dekorieren Sie die Schale mittig mit der Blockkerze, dem Kranz und etwas Efeu.

Serviceseiten

Vorlagen-Druckstudio und Workshop

Die beiliegende DVD enthält sowohl den Workshop, als auch das Computer-Programm „Vorlagen-Druckstudio" für die Modelle dieses Buches.

Wenn Sie die DVD in Ihr DVD-Laufwerk (PC, Mac oder DVD-Player mit TV-Anschluss) legen, startet der Film mit dem Workshop automatisch. Das Vorlagen-Druckstudio lässt sich dagegen ausschließlich auf einem PC installieren (siehe Systemvoraussetzungen Seite 144).

1 Installation des Programms „Vorlagen-Druckstudio"

Legen Sie die CD-ROM in das Laufwerk Ihres PCs ein. Beenden Sie die Wiedergabe des Films. Öffnen Sie Ihren Windows-Explorer (Windows-Taste + E) bwz. Ihren Arbeitsplatz und öffnen Sie mit einem Doppelklick das DVD-Laufwerk. In einem Fenster erscheint nun eine Ordnerstruktur. Öffnen Sie mit einem Doppelklick den Ordner „Druckstudio". Mit einem Doppelklick auf die Datei „5535_setup. exe" starten Sie das Installations-Programm. Ab hier führt Sie der Assistent Schritt für Schritt durch den Installations-Vorgang. Außerdem werden Verknüpfungen zum Start des Programms im Windows-Startmenü und – auf Wunsch – auf dem Windows-Desktop abgelegt.

2 Start des „Vorlagen-Druckstudios"

Gestartet werden kann die Software entweder durch einen Doppelklick auf das Programmsymbol auf dem Windows-Desktop oder über den Eintrag im Windows-Startmenü. Wenn bei der Installation die Standard-Einstellungen übernommen wurden, ist dies zu finden unter

Start / Programme / TOPP Vorlagen-Druckstudio

3 Programmoberfläche

Das Programm enthält drei Hauptbereiche. Diese sind wie „Karteikarten" aufgeteilt und mit „Karteireitern" beschriftet. Gestartet wird auf der ersten Karteikarte „Motiv auswählen". Im Bereich „Aktuelles Buch" ist der Titel, der gestartet wurde, zu sehen. Wenn mehrere

Bücher mit dem „Vorlagen-Druckstudio" installiert sind, kann durch einen Klick auf den Pfeil rechts eine Liste aller Bücher aufgeklappt werden.

Verlassen können Sie das Programm entweder durch einen Klick auf das rote Kreuz rechts oben oder über den Eintrag „Beenden" im Menü „Datei".

4 Modell auswählen

Im Bereich „Modelle" befindet sich eine Liste mit allen Modellen des Buches inklusive Modellnamen und Seitenzahl. Durch einen Klick auf einen Eintrag können Sie das Motiv auswählen, das Sie erstellen möchten. Im Vorschau-Fenster rechts erscheint daraufhin das Motivfoto.

Unter dem Foto befinden sich zwei Schaltflächen. Hier kann zwischen der „Motivansicht" und der „Vorlagenansicht" umgeschaltet werden.

Klicken Sie anschließend auf „weiter", um zur Karteikarte „Vorlagenzeichnung auswählen" zu wechseln.

5 Vorlagenzeichnung auswählen

Auf dieser Karteikarte sind alle Teile, die zu einem Modell gehören, dargestellt. Achtung! Die Größenverhältnisse der einzelnen Teile werden hier nicht maßstabsgetreu wiedergegeben. Wenn Sie nur einzelne Vorlagenzeichnungen eines Modelles ausdrucken möchten, können Sie durch einen Klick auf die Haken links neben der Bauteilbezeichnung auch einzelne Teile ab- und anwählen. Standardmäßig sind alle Einzelteile aktiviert.

6 Modellgröße anpassen

Im Bereich „Skalierung" links unten können Sie nun die Größe verändern, in der Sie das Modell erstellen wollen. Klicken Sie dafür auf die Schaltfläche „Größe festlegen". Nun können Sie die gewünschte Modellgröße bzw. -breite in Zentimetern eingeben. Dabei wird das richtige Seitenverhältnis automatisch beibehalten. Wenn Sie also den Wert für die Modellhöhe ändern, ermittelt das Programm automatisch den richtigen Wert für die Breite. Alternativ können Sie – ähnlich wie bei einem

Fotokopierer – auch die Modellgröße in Prozent zur Originalgröße angeben. Klicken Sie dafür auf die runde Schaltfläche „In Prozent" und geben Sie den gewünschten Wert ein. Wenn Sie sich entscheiden, das Modell doch in der Originalgröße zu basteln, können Sie einfach auf „Originalgröße beibehalten" klicken, damit alle vorgenommenen Einstellungen zurückgenommen werden.

Klicken Sie anschließend auf „weiter", um zur Karteikarte „Drucken" zu wechseln.

7 Druckeinstellungen

Auf dieser Karteikarte sehen Sie im rechten Bereich bereits eine Vorschau auf die Ausdrucke der ausgewählten Vorlagen-Zeichnungen.

Links unten gibt es unter „Druckereinstellungen" die Möglichkeit, zwischen verschiedenen Druckern zu wechseln, wenn Sie mehrere Geräte an Ihren Computer oder in Ihrem Netzwerk angeschlossen haben.

Wenn Sie einen Drucker besitzen, der auch DIN A3-Papier verarbeiten kann, so lässt sich dies in den „Druckereinstellungen" auswählen. Hinweise dazu finden Sie im Handbuch Ihres Druckers, da die entsprechenden Einstellungen bei jedem Hersteller und jedem Modell variieren.

8 Drucken

Mit einem Klick auf die Schaltfläche „Drucken" starten Sie den Druckvorgang. Große Vorlagenzeichnungen werden automatisch auf mehrere Blätter verteilt. Diese müssen Sie anschließend nur noch anhand der ebenfalls aufgedruckten Markierungen zusammenkleben. Schneiden Sie dafür jeweils den Rand eines Blattes entlang der Markierung ab und kleben Sie es auf den Rand des „Nachbar-Blattes".

Wir wünschen Ihnen viel Spaß und viel Erfolg!

Workshop

Kratzer, abgeplatzte Farbe, etwas Rost und die eine oder andere Schramme geben den Möbelstücken und Wohnaccessoires im Shabby Chic ihren ganz persönlichen Stil. Um diesen Effekt bei eigenen Einrichtungsgegenständen und Dekorationen zu erzielen, gibt es eine ganze Reihe von Techniken. Manche sind leicht erklärt, manche sind etwas komplizierter. Auf der DVD können Sie Patricia Morgenthaler beim Arbeiten mit den verschiedensten Techniken über die Schulter schauen.

Lernen Sie, wie der Untergrund vorbereitet wird und warum dies für den anschließenden Farbauftrag wichtig ist. Schauen Sie zu, wie mit Farben und Lacken gearbeitet wird und wie dadurch einzigartige Effekte erzielt werden. Und lassen Sie sich zeigen, wie Sie anschließend durch das partielle Abtragen der Farbe oder das Aufbringen von Verzierungen noch mehr interessante Effekte erzielen können.

Oberflächen vorbereiten

Alte Lacke müssen vor einem neuen Anstrich entfernt werden. Aber auch unbehandelte Holzoberflächen müssen geglättet und eventuell etwas angeraut werden, damit sie die Farbe gut aufnehmen können.
- Abschleifen
- Lacke entfernen mit dem Heißluftföhn

Mit Lacken und Farben gestalten

Ein farbiger Anstrich ist die Grundlage. Doch es gibt auch Spezialmedien, mit denen sehr anschauliche Ergebnisse erzielt werden können.
- Lasieren
- Patinieren
- Krakelieren
- Rost-Effekt

Farbe abtragen

Macken, Schrammen und Abnutzungsspuren an Ecken, Kanten und auf Flächen können mit verschiedenen Techniken erzielt werden.
- Effekte mit Schleifpapier
- Effekte mit dem Cutter
- Effekte mit der Stahlbürste

Verzierungen anbringen

Verzierungen geben Ihren Werken den letzten Schliff. Besonders beliebt sind im Shabby Chic vor allem dekorative Rosen. Diese, aber auch andere Muster und Motive, können Sie mithilfe verschiedener Techniken aufbringen.
- Découpage-Technik
- Schablonieren
- Stempeln

Einkaufsquellen und Fundorte

Weitere Bezugsquellen finden Sie z. B. in den Gelben Seiten oder im Telefonbuch sowie in Wohn- und Deko-Zeitschriften. Schöne Möbel und Accessoires lassen sich bei lokalen und regionalen Floh- und Trödelmärkten, Gebrauchtwarenhäusern sowie bei Internet-Auktionshäusern (z. B. Ebay) finden.

TIPP: Geben Sie bei Ihrer Suche per Internet-Suchmaschine doch mal den Begriff oder den jeweiligen Namen des Designers oder Herstellers mit dem zusätzlichen Stichwort „Restposten" ein. Somit erhalten Sie teilweise überraschende Ergebnisse.

Auch in Stoffabteilungen sollten Sie stets Ausschau nach Restekisten halten. Hier lassen sich oft preiswerte Schnäppchen ergattern.

Nach wie vor die günstigste Möglichkeit schöne Shabby Möbel und Accessoires zu ergattern ist der Flohmarkt.

Schnäppchen machen Sie am besten bei privaten Garagen-Flohmärkten, Haushaltsauflösungen oder großen öffentlichen Flohmärkten. Am besten halten Sie hier in Ihrer Tageszeitung Ausschau nach passenden Annoncen.

Neben Flohmarktklassikern, wie alten Lüstern und Leuchtern, gebrauchten Reklameschildern oder gar der beliebte Kinositz lassen sich auch zahlreiche "Kleinteile" mit etwas Einfallsreichtum und ggf. etwas Farbe, zu hochwertigen Wohnaccessoires umarbeiten.

Der wahrscheinlich größte Vorteil von Flohmarkt-Fundstücken ist sicherlich, dass es allermeisten tatsächlich Einzelstücke sind und man nicht Gefahr laufen muss, dass man dasselbe Stück irgendwo anders entdeckt. Außerdem haben sie natürlich den Charme des Originals.

Möbelhäuser haben längst auf den Shabby Trend reagiert und bieten "gealterte" Accessoires und Möbel an. Die meisten vermitteln mit fast authentischen Gebrauchspuren den Eindruck, dass die Möbel oder die Dekorationen frisch vom Flohmarkt kommen.

Wer keine künstlich gealterten Gegenstände mag und sich sicher sein will, dass er ein Original erwirbt, sollte einen Antiquitätenhändler aufsuchen. Diese sind in der Regel bereits aufbereitet, kosten dafür auch erhebliches mehr.

Überblick aktueller Floh- und Trödelmarkttermine in Deutschland:

www.flohmarkt-termine.net

www.flohmarkt.de

www.troedelmarkt-aktuell.de

Einkaufsquellen:

Kleinmöbel und Accessoires mit Nostalgie und Charme
www.landromantik-shop.de

Handelsplatz für Antiquitäten und Secondhand
www.oldthing.de

Kleinmöbel und Accessoires im französischen und toskanischen Stil
www.mirabeau-versand.de

Schönes im Vintage- und Shabby Stil
www.villa-landleben.de

Wunderschöne Möbel und Accessoires mit französischem Charme
www.maisonsdumonde.com

Antikes Mobiliar
www.patio-antiques.de

Wunderschöne Accessoires aus Dänemark
www.greengate.dk

Lassen Sie sich inspirieren:

TOPP 5588
ISBN 978-3-7724-5588-9

TOPP 5587
ISBN 978-3-7724-5587-2

TOPP 6821
ISBN 978-3-7724-6821-6

TOPP 5900
ISBN 978-3-7724-5900-9

TOPP 5901
ISBN 978-3-7724-5901-6

TOPP 5902
ISBN 978-3-7724-5902-3

TOPP 5903
ISBN 978-3-7724-5903-0

Weitere Titel aus unserem Programm finden Sie unter www.topp-kreativ.de

Die Autorin

Patricia Morgenthaler geboren am 25. Februar 1972 in Frankfurt am Main, lebt mit ihrem Lebenspartner und zwei Katzendamen auf der schönen Ostalb.

Die Designerin kreiert unter dem Label „Rosenfee" mit viel Liebe Wohnaccessoires, Kleinmöbel & Handtaschen. Des Weiteren ist sie seit vielen Jahren als Dozentin im Bereich Kunst & Kultur tätig. Wer mehr über die Autorin und ihr Label „Rosenfee" erfahren möchte, findet unter www.morgenthaler-creations.com weitere Informationen.

Systemvoraussetzungen Vorlagen-Druckstudio: PC mit Windows 98SE/ME mit 128 MB RAM Hauptspeicher oder Windows 2000/XP mit 256 MB RAM Hauptspeicher; Bildschirm mit einer Auflösung von mindestens 800 x 600 Pixel und mindestens 16-Bit Farbtiefe (65.536 Farben); freier Festplattenspeicher ca. 10 MB; CD-ROM- oder DVD-Laufwerk; Maus; Farb-Tintenstrahl-Drucker oder sonstiger grafik-fähiger Drucker. Optional: Internetzugang (Updates).

Impressum

FOTOS: frechverlag GmbH, 70499 Stuttgart; www.cgtextures.com, Hintergründe (Seite 50/51, 78/79, 80/81, 100/101; Flora Press Agency GmbH, Hamburg (Seite 48/49); www.fotolia.de: Hartmut Lerch (Seite 10 links), Gresei (Seite 42 links), I. Bodo (Seite 42 rechts), dred2010 (Bilderrahmen Seite 78/79, 88/99, 118/119), Stefan Fister (Seite 78 links, 78 rechts unten, 79 links), Monster (Seite 79 rechts unten, 99 rechts), Linda Mattson (Seite 78 links oben), Barbara Johnson (Seite 99 links), Ina Schoenrock (Seite 118), claireliz (Seite 119 oben), RCsolutions (Seite 142 oben); www.istockphoto.de: Nikki Bidgood (Seite 79 rechts oben), gerenme (Seite 119 unten);Patricia Morgenthaler (Schrittbilder), lichtpunkt, Michael Ruder, Stuttgart (alle übrigen Fotos)

PROJEKTMANAGEMENT UND LEKTORAT: Mariel Marohn und Susanne Pypke

LAYOUT COVER: Petra Schmidt, www.elektrolyten.de

LAYOUT INHALT: Katrin Röhlig

UMSETZUNG LAYOUT INHALT: Heike Köhl

DRUCK UND BINDUNG: Korotan, Slowenien

FILM PRODUKTION: teamWerk. Die FilmProduktion GmbH, Stuttgart

Hilfestellung zu allen Fragen, die Materialien und Bastelbücher betreffen: Frau Erika Noll berät Sie.
Rufen Sie an: 05052/911858*

*normale Telefongebühren

2. Auflage 2012
© 2011 frechverlag GmbH, 70499 Stuttgart

ISBN 978-3-7724-5535-3
Best.-Nr. 5535